中国传统村落文化抢救与研究

文化区系列

藏蒙传统村落

吴必虎 罗德胤 张晓虹 汤敏 ◎ 主编

朱普选 ◎ 编著

国家出版基金项目
NATIONAL PUBLICATION FOUNDATION

海天出版社
·深圳·

图书在版编目（CIP）数据

藏蒙传统村落 / 吴必虎等主编. — 深圳：海天出版社，2020.12

（中国传统村落文化抢救与研究. 文化区系列）

ISBN 978-7-5507-3075-5

Ⅰ. ①藏… Ⅱ. ①吴… Ⅲ. ①村落－研究－中国 Ⅳ. ①K928.5

中国版本图书馆CIP数据核字(2020)第234471号

审图号：GS（2020）5315号

藏蒙传统村落
ZANGMENG CHUANTONG CUNLUO

出 品 人	聂雄前
项目策划	许全军
项目统筹	南　芳
责任编辑	雷　阳
责任校对	万妮霞
责任技编	郑　欢
装帧设计	知行格致

出版发行	海天出版社
地　　址	深圳市彩田南路海天综合大厦（518033）
网　　址	www.htph.com.cn
订购电话	0755-83460239（邮购、团购）
设计制作	深圳市知行格致文化传播有限公司　Tel：0755-83464427
印　　刷	中华商务联合印刷（广东）有限公司
开　　本	787mm×1092mm　1/16
印　　张	21
字　　数	263千
版　　次	2020年12月第1版
印　　次	2020年12月第1次
定　　价	398.00元

海天版图书版权所有，侵权必究。
海天版图书凡有印装质量问题，请随时向承印厂调换。

"中国传统村落文化抢救与研究·文化区系列"
编委会

EDITORIAL COMMITTEE

丛书主编：吴必虎　罗德胤　张晓虹　汤　敏

《中国传统村落概论》

编委会主任：张宝秀、成志芬

编委会成员：朱永杰、刘剑刚、李　扬、
时少华、张　勃、苑焕乔、
周爱华

编写分工：第一章　张宝秀、成志芬
第二章　朱永杰
第三章　刘剑刚
第四章　李　扬
第五章　成志芬、苑焕乔
第六章　张　勃、李　扬
第七章　时少华

《中原传统村落》

编委会主任：丁　华、张　东、
杨　博、郭晋媛

编委会成员：杨晓俊、戴　宏、刘改芳、
栗晓楠、刘　晗、姚　浪、
李羿祥、薛艳青、戴景文、
蒋星怡、朱凯凯、黄静怡、
廖文强、张　悦、陈鑫源、
陈姗姗、陈添珍、高媛媛、
刘丽丽、易远铨、黎燕君、
王　坤、易　雪、萧僖雯、
沈思源、苏小燕

《徽州传统村落》

编委会主任：张云彬、张宏梅、王　娟

编委会成员：张　茹、沈思佳、张业臣、
张小军、闻　飞、方敦礼

编写分工：第一章　张云彬
第二章　张宏梅、张云彬
第三章　张云彬
第四章　王　娟
第五章　张云彬、张宏梅、
王　娟
第六章　张宏梅

《荆楚传统村落》

编委会主任：龚胜生、何小芊、胡　娟、
陈丽军

编委会成员：伍昌友、李孜沫、魏幼红、
张　涛

编写分工：第一章　龚胜生、何小芊
第二章　何小芊
第三章　胡　娟、龚胜生
第四章　胡　娟
第五章　陈丽军
第六章　陈丽军
第七章　何小芊

《客家传统村落》

编委会主任：陈　川
编委会成员：萧清碧、黄宗焕、李长青、
　　　　　　何烈孝、沈　洁
编写分工：第一章　陈　川、萧清碧
　　　　　第二章　陈　川、萧清碧
　　　　　第三章　萧清碧、陈　川、
　　　　　　　　　黄宗焕、李长青
　　　　　第四章　萧清碧、陈　川、
　　　　　　　　　黄宗焕
　　　　　第五章　萧清碧、李长青、
　　　　　　　　　黄宗焕、陈　川
　　　　　第六章　陈　川、萧清碧、
　　　　　　　　　黄宗焕、何烈孝

《西南传统村落》

编委会主任：刘丹萍、高　璟、吴艳阳、
　　　　　　徐　燕
编委会成员：陈玲玲、刘博宇、郭可欣、
　　　　　　赵昱嫣、郭聪聪、方家刚、
　　　　　　宋尚周
编写分工：第一章　刘丹萍、高　璟
　　　　　第二章　刘丹萍、高　璟
　　　　　第三章　刘丹萍、高　璟
　　　　　第四章　刘丹萍、高　璟
　　　　　第五章　刘丹萍、高　璟、
　　　　　　　　　吴艳阳、徐　燕
　　　　　第六章　刘丹萍、高　璟

《关东传统村落》

编委会主任：朱晓蕾、王福刚
编委会成员：付　卉、甘　静
编写分工：第一章　付　卉、朱晓蕾
　　　　　第二章　朱晓蕾
　　　　　第三章　王福刚
　　　　　第四章　朱晓蕾
　　　　　第五章　甘　静、朱晓蕾、
　　　　　　　　　王福刚
　　　　　第六章　朱晓蕾

《吴越传统村落》

编委会主任：崔　峰、王丽娴、张光明
编委会成员：千继贤、王　瑜、朱晓庆、
　　　　　　尤　峰
编写分工：第一章　崔　峰、朱晓庆
　　　　　第二章　崔　峰、千继贤
　　　　　第三章　王丽娴、崔　峰
　　　　　第四章　王　瑜
　　　　　第五章　崔　峰、尤　峰
　　　　　第六章　张光明

《西北传统村落》

编委会主任：李 丁、苗 红、冶建明
编委会成员：韩雅敏、林 燕、孟 璐、
王文倩、李珍珍、黄 雪、
耿一睿、刘国锋、王 芸、
王 宁、余 洋、王 鑫
编 写 分 工：第一章 李 丁、苗 红、
冶建明
第二章 李 丁
第三章 苗 红
第四章 冶建明
第五章 李 丁、苗 红、
冶建明

《滨海传统村落》

编委会主任：裴 丹
编委会成员：黄丽华、严琳霞、李丹洋、
尚珍宇
编 写 分 工：第一章 裴 丹
第二章 裴 丹
第三章 尚珍宇、裴 丹
第四章 李丹洋、严琳霞、
裴 丹
第五章 黄丽华、严琳霞、
李丹洋、裴 丹
第六章 严琳霞、裴 丹

《黄淮海传统村落》

编委会主任：邢慧斌
编委会成员：魏云刚、孙庆久、佟 薇、
吴 军、马 晓
编 写 分 工：第一章 佟 薇、邢慧斌
第二章 孙庆久、邢慧斌
第三章 马 晓、邢慧斌
第四章 魏云刚、邢慧斌
第五章 吴 军、邢慧斌

《巴蜀传统村落》

编委会主任：刘小方、李小波
编委会成员：纪凤仪、冯祉烨、王晓文
编 写 分 工：第一章 冯祉烨、刘小方、
李小波
第二章 冯祉烨
第三章 刘小方、冯祉烨
第四章 纪凤仪

《藏蒙传统村落》

编委会主任：朱普选

编委会成员：明庆中、梁旺兵、曾 谦、
琼 达、罗赟敏、黄 丽、
尚前浪、先 巴、秦 旭、
李 凡、阿荣娜、肖卫东、
史家铭、达 桑、慈尚普、
蒋其平

编写分工：第一章 朱普选
第二章 琼 达、肖卫东、
史家铭、达 桑、
慈尚普、蒋其平
第三章 罗赟敏、先 巴
第四章 梁旺兵、秦 旭
第五章 黄 丽
第六章 尚前浪、李 凡、
明庆中
第七章 曾 谦、阿荣娜

《东南传统村落》

编委会主任：吴荣华、王国栋、郑庆之、
黄丽华

编委会成员：叶乃齐、冯仕晏、曾健鹏、
陈秋晓、邓冰蓉

编写分工：第一章 王国栋
第二章 王国栋
第三章 郑庆之
第四章 吴荣华
第五章 吴荣华、王国栋、
黄丽华
第六章 吴荣华、王国栋、
黄丽华

《江淮传统村落》

吴小伟 编著

致谢

林丽琴、姜丽黎、宋尚周、谢冶凤、王梦婷、王定镇、王 琳、周爱清、陈建茂、于小强

序言
PREFACE

进入二十一世纪的中国,城市化进程发展十分迅速。城市化脚步之快,快过了这个社会的思考的速度。在这样一种背景下,大量的农业人口进城,大量的乡村"空心化",伴随着相当长的一个时期内地方发展对土地财政的严重依赖,在村集体所有制的宅基地制度基础上农民对乡村规划建设的弱势地位,以及其他一些社会经济和文化原因,导致了中国传统村落大片大片消失。正如一大批分布于全国各地,从事各行各业,痛惜于传统村落的快速消亡,钟情于怀念美丽田园生活里的梦幻童年,致力于利用各种方式抢救濒于困境的故土,投身于丰富多姿的乡村文化遗产研究领域的人们一样,五六年前我们几个志同道合的小伙伴,清华大学建筑学院的罗德胤副教授,北京大学俞孔坚教授的学生、古村之友发起人汤敏硕士,浙江桐乡乌镇和北京古北水镇主理人陈向宏先生,发起成立了古村镇大会,并分别在浙江乌镇、山东滨州、北京古北水镇和山西碛口古镇,召开了四次古村镇大会。在办会过程中,几位会议创办人提起了组织编辑出版一套古村研究丛书的想法,这一想法得到了深圳海天出版社的支持,申报了"十三五"出版规划,并顺利获得批准立项。

这套丛书的框架相当庞大，初步设想包括文化区系列、物质文化系列和非物质文化系列。这么庞大的系列，组织起来难度可想而知。为了增强组织和编写力量，我们又邀请了复旦大学中国历史地理研究所所长张晓虹教授加盟。目前推出的十五册，仅是其中第一辑文化区系列。

为什么要从文化区视角组织第一辑系列丛书？这主要基于中国传统村落形成发展于中国广袤的国土、悠久的历史、多民族共融的文化视角的考虑。

从自然地理角度看，中国南北横跨热带、亚热带和温带三个气候地带，东西纵盖60多个经度，具有东部滨海平原、中部山地高原盆地、西部干旱沙漠和高寒山地高原等多种地貌形态，海拔高度又具有从海平面以下数百米到世界屋脊最高峰8848.86米的最大高差形成的垂直气候带和植被带。在这么广阔、多样的自然地理条件下形成的村落，必然呈现出世界上最为丰富的聚落景观和文化形态。

此外，动辄数千年的悠久历史和历史上波澜壮阔的人口迁移与融合，又为传统村落打上了深厚文化底蕴和丰富民族特色的烙印。

基于以上几个条件，实际上，文化区系列的传统村落，从一个较为宏观的层面，而非村落本身，更非民居建筑单体，来呈现和传承中国灿烂多姿的乡村文明画卷。

第一辑文化区系列的传统村落板块，除了第一册《中国传统村落概论》综述其概，其余十四册基本上放在特定文化区的概述、物质文化、非物质文化，以及传统村落文化保护与旅游活化这样一个基本结构内阐述。其中绝大多数分册表述的是一个较为连续的地域单元，如中原、江淮、巴蜀、客家等文化区，这些文化区虽然具有基本上一致的身份认同，但具体绘制到地图上时，并非易事。

文化区属于一种人类认知的范畴，不仅难以提出统一准确的判别标准，而且即使有一些参数可供核准，但在不同的审视者眼里得到的评价结果也会存在不同。另外，人口迁移、现代化冲击和民族融合，也客观存在着两种甚至更多的文化融合，出现了一些所谓的文化叠合区域。例如，在讨论青藏高原时，可以把青海与西藏视为一个整体区域，但实际上青海除了藏蒙文化，在接近甘肃和新疆的部分，也还有相当多的西北文化。此外，在中原文化区与黄淮海文化区之间、中原文化区与江淮文化区之间、吴越文化区与徽州文化区之间，也都存在一定程度的文化叠合现象。

一般情况下，文化区应该是连续的地域空间，但也有个别情况比较特殊，一个是藏蒙文化，它是按照藏传佛教的分布特点来组织的，藏传佛教影响区的村落或集镇，都有围绕喇嘛庙而建设的特点，它们在空间上地域非常广大。另一个是滨海文化，它是按照临海居岛的地理特点来组织的，涉及中国一万多公里的海岸线，北面涉及黄渤海，中间是东海，南部是南海，这些绵长的海岸线和有人居住的岛屿上，形成的岛居海厝不仅独具一格，而且同样彰显中国自身的海洋文化。关于这一点，过去的传统村落研究，常常并未加以足够重视。

包括传统村落在内的文化景观具有丰富的多样性，区域多样性是其突出表现之一。这套丛书力图通过对进入官方视野、获得几个部委共同颁布的传统村落体系的乡村聚落为主要探讨对象的分析，来获得社会更加广泛的注意，让更多的机构和社会各阶层关注传统村落的传承和发展，唤起更多的部门和公众研究传统村落传承和发展过程中存在的政策、法规、理念与价值冲突，共同寻求其解决之道，为中国传统村落这一特殊文化景观的保护和长期发展贡献一份自己的力量。

吴必虎

2020 年 12 月 11 日

于北京大学逸夫二楼

目录
CONTENTS

第一章 概述 001

第一节　藏蒙传统村落文化与藏传佛教文化 / 002
　　一、佛教传入西藏 / 002
　　二、藏传佛教的形成 / 003

第二节　藏蒙传统村落宗教文化圈的形成 / 004
　　一、藏传佛教在内蒙古高原、滇西北地区的传播 / 004
　　二、藏传佛教文化圈的形成 / 005

第三节　藏蒙传统村落文化的地域特征 / 006
　　一、藏蒙传统村落的民居建筑类型及其演变 / 006
　　二、藏蒙传统村落民居建筑选材的地域性特征 / 010
　　三、以藏传佛教寺院为核心的传统村落布局 / 012
　　四、藏蒙传统村落建筑中的文化要素 / 016

第二章
藏蒙传统村落之西藏自治区 019

第一节　西藏自治区传统村落的风貌成因 / 020
　　一、自然因素 / 020
　　二、文化因素 / 022
　　三、社会因素 / 023

第二节　西藏自治区传统村落的地理分布与类型 / 024
　　一、地理分布 / 024
　　二、村落类型 / 025

第三节　西藏自治区传统村落的物质文化景观 / 028
　　一、村落的形态布局 / 028
　　二、村落的室外空间类型及其特征 / 032
　　三、村落里的建筑景观 / 035

第四节　西藏自治区传统村落的非物质文化景观 / 039
　　一、宗教文化景观 / 039
　　二、民俗文化景观 / 042
　　三、文化艺术景观 / 047

第五节　西藏自治区传统村落集萃 / 051
　　一、昌都洛隆县硕督镇硕督村 / 051
　　二、昌都左贡县东坝乡军拥村 / 053
　　三、山南琼结县唐布齐村 / 055
　　四、日喀则吉隆县汝村 / 058

第六节　西藏自治区传统村落的保护与发展 / 060
　　一、保护与发展的现状 / 060
　　二、保护与发展的实践 / 062
　　三、活化路径探析 / 063

第三章

藏蒙传统村落之青海藏族集中居住区 065

第一节 青海藏族集中居住区传统村落的风貌成因 / 066
　　一、自然因素 / 066
　　二、文化因素 / 069
　　三、社会因素 / 070

第二节 青海藏族集中居住区传统村落的地理分布与类型 / 072
　　一、地理分布 / 072
　　二、村落类型 / 073

第三节 青海藏族集中居住区传统村落的物质文化景观 / 075
　　一、村落的室外空间类型及其特征 / 075
　　二、村落里的建筑景观 / 077

第四节 青海藏族集中居住区传统村落的非物质文化景观 / 082
　　一、宗教文化景观 / 082
　　二、民俗文化景观 / 083
　　三、文化艺术景观 / 085

第五节 青海藏族集中居住区传统村落的保护与发展 / 090
　　一、保护与发展的现状 / 090
　　二、活化路径探析 / 092

第四章

藏蒙传统村落之甘肃藏族集中居住区 099

第一节 甘肃藏族集中居住区传统村落的风貌成因 / 100
  一、自然因素 / 101
  二、文化因素 / 104
  三、社会因素 / 105

第二节 甘肃藏族集中居住区传统村落的地理分布与类型 / 107
  一、地理分布 / 107
  二、村落类型 / 110

第三节 甘肃藏族集中居住区传统村落的物质文化景观 / 112
  一、村落里的建筑景观 / 112
  二、村落里的生态景观 / 119

第四节 甘肃藏族集中居住区传统村落的非物质文化景观 / 123
  一、宗教文化景观 / 123
  二、民俗文化景观 / 124
  三、文化艺术景观 / 136

第五节 甘肃藏族集中居住区传统村落的保护与发展 / 139
  一、保护与发展的现状 / 139
  二、活化利用与旅游开发 / 145
  三、旅游活化案例 / 146

第五章

藏蒙传统村落之四川藏族集中居住区 151

第一节　四川藏族集中居住区传统村落的风貌成因 / 153
　　一、自然因素 / 153
　　二、文化因素 / 156
　　三、社会因素 / 160

第二节　四川藏族集中居住区传统村落的地理分布与类型 / 162
　　一、地理分布 / 162
　　二、村落类型 / 163

第三节　四川藏族集中居住区传统村落的物质文化景观 / 167
　　一、村落的室外空间类型及其特征 / 167
　　二、村落里的建筑景观 / 170

第四节　四川藏族集中居住区传统村落的非物质文化景观 / 182
　　一、宗教文化景观 / 182
　　二、民俗文化景观 / 185
　　三、文化艺术景观 / 192

第五节　四川藏族集中居住区传统村落集萃 / 200
　　一、甘孜州丹巴县梭坡乡莫洛村 / 201
　　二、阿坝州黑水县色尔古乡色尔古村 / 202

第六节　四川藏族集中居住区传统村落的保护与发展 / 203
　　一、保护与发展的现状 / 203
　　二、保护与发展的实践 / 206
　　三、活化路径探析 / 208

第六章

藏蒙传统村落之云南藏族集中居住区 213

第一节 云南藏族集中居住区传统村落的风貌成因 / 214
一、自然因素 / 214
二、文化因素 / 218
三、社会因素 / 220

第二节 云南藏族集中居住区传统村落的地理分布与类型 / 221
一、地理分布 / 221
二、村落类型 / 221

第三节 云南藏族集中居住区传统村落的物质文化景观 / 225
一、村落的形态布局 / 225
二、村落的室外空间类型及其特征 / 227
三、村落里的建筑景观 / 233

第四节 云南藏族集中居住区传统村落的非物质文化景观 / 237
一、宗教文化景观 / 237
二、民俗文化景观 / 239
三、文化艺术景观 / 243

第五节 云南藏族集中居住区传统村落集萃 / 248
一、迪庆州德钦县云岭乡雨崩村 / 248
二、迪庆州香格里拉市建塘镇霞给村 / 249
三、迪庆州香格里拉市洛吉乡尼汝村 / 250

第六节 云南藏族集中居住区传统村落的保护与发展 / 252
一、保护与发展的现状 / 252

二、保护与发展的实践 / 255

三、活化路径探析 / 256

第七章
藏蒙传统村落之内蒙古自治区 259

第一节　内蒙古自治区传统村落的风貌成因 / 260
　　一、自然因素 / 260
　　二、文化因素 / 262
　　三、社会因素 / 263

第二节　内蒙古自治区传统村落的地理分布
　　　　与类型 / 264
　　一、地理分布 / 264
　　二、村落类型 / 265

第三节　内蒙古自治区传统村落的物质文化
　　　　景观 / 267
　　一、村落的形态布局 / 267
　　二、村落的室外空间类型及其特征 / 270
　　三、村落里的建筑景观 / 274

第四节　内蒙古自治区传统村落的非物质文化
　　　　景观 / 283
　　一、宗教文化景观 / 283
　　二、民俗文化景观 / 284
　　三、文化艺术景观 / 289

第五节　内蒙古自治区传统村落集萃 / 293
　　一、包头市土默特右旗美岱召镇美岱召村 / 294
　　二、包头市石拐区五当召村 / 295

第六节　内蒙古自治区传统村落的保护与发展 / 297
　　一、保护与发展的现状 / 297
　　二、活化路径探析 / 299

参考文献 / 302

附录：藏蒙传统村落名单 / 305

后记 / 314

中国传统村落文化抢救与研究

文化区系列

Chinese Traditional Villages 村落

第一章

概述

传统村落是人类居住的聚落发展到一定阶段的产物。传统村落的产生和发展与其所处的自然地理位置有着密切的联系，同时也与其所处的社会环境密切相关。由于行政区划和文化区上的差异，本书论述的藏蒙传统村落主要指西藏自治区、青海藏族集中居住区、甘肃藏族集中居住区（以甘南藏族自治州和天祝藏族自治县为主）、四川藏族集中居住区（以阿坝藏族自治州和甘孜藏族自治州为主）、云南藏族集中居住区（以迪庆藏族自治州为主）的藏族传统村落和内蒙古自治区的蒙古族传统村落。藏蒙传统村落的产生和发展离不开藏蒙地区所具有的文化系统，在这一文化系统中，最主要的特征就是藏传佛教文化带来的影响。

第一节
藏蒙传统村落文化与藏传佛教文化

一、佛教传入西藏

佛教正式传入今青藏高原，一般认为是在7世纪吐蕃王朝时期。松赞干布任赞普后，在政治、文化、军事、经济等方面采取了一系列重大措施，第一次实现了青藏高原的统一，使吐蕃王朝的版图有了很大的扩展。松赞干布统一青藏高原后，由于社会经济发展和武力强盛，吐蕃和周边国家、地区有了较多的经济、文化交流，墀尊公主和文成公主入藏就是这种交往的最好例证，同时也成为佛教入藏的重要开端。两位分别来自佛教盛行的尼泊尔和唐朝的公主，不但给吐蕃带来了和周围强国稳定、和平、友好的关系，同时也从各自的故乡带来了佛像。为了供奉两位公主带来的佛像，松赞干布在拉萨修建了大昭寺和小昭寺。经过松赞干布的大力扶植，佛教在吐蕃这片土地上扎下了根。

二、藏传佛教的形成

在统一的吐蕃王朝建立之前，本教（Bon）在高原社会生活中占有极为重要的地位，起着举足轻重的作用。佛教作为一种外来宗教，传入西藏后，其传播过程困难重重。此后，抑本兴佛、灭佛奉本斗争此起彼伏，在佛本斗争中，佛教与本教有了充分的接触，两者从相互对立走向相互交融与整合。

佛教传入西藏后，为了能在这片高原土地上扎根，其对自身的文化系统做出了调适，以维持其自身的生存。同时，佛教在其传播过程中，吸收了本教古老的宗教形式，在民间树立了牢固而广泛的信仰基础。佛教传入西藏后的自我调适，使其逐渐藏化，形成了具有西藏特色的佛教——藏传佛教。

第二节
藏蒙传统村落宗教文化圈的形成

藏传佛教形成后，不仅在青藏高原产生了深远的影响，而且还向内蒙古高原、滇西北等地传播和扩散，使这些地区也成为"藏传佛教文化圈"的组成部分。

一、藏传佛教在内蒙古高原、滇西北地区的传播

来自青藏高原的藏传佛教，是佛教和青藏高原的本教相互融合的产物，对佛教中一些原本和草原地区的生活方式不相适应的佛门戒律进行了调整，最终成为适应草原牧业地区文化生态环境的藏传佛教。

藏传佛教在我国传播的另一个重要地区是以迪庆为中心的滇西北地区。这一地区与青藏高原紧紧相连，其自然生态环境和青藏高原接近，特别是迪庆高原，实际上是青藏高原的东南缘，横断山脉向南延伸的一部分，具有海拔高、气温低、降水少等高原特点。这里的藏族保持了和西藏相似的以牧为主，辅以青稞、荞麦等高寒山区作物种植的生产方式以及着藏装，饮食以糌粑、酥油茶为主的生活方式。由于具有相似的生产生活环境，藏传佛教在滇西北地区传播也就很自然了。

二、藏传佛教文化圈的形成

藏传佛教产生于以西藏为核心的青藏高原，在历史的长河中不断向外传播和扩散，包括内蒙古高原、云贵高原西北部、青藏高原周边地带，在亚洲中部高山草原区内形成了一个极富魅力的"藏传佛教文化圈"。

内蒙古草原上的人们长期游牧的生计方式使其形成了一种相对自由开放的生活习性，而这种习性早已沉淀在草原游牧民族的集体意识中，成为草原文化的一个组成部分。这一习性和生活在青藏高原的藏族人们的习性极为相似，因此内蒙古草原上的人们较为容易接受藏传佛教。

迪庆藏族自治州位于滇西北地区，迪庆藏语意为"吉祥如意"，是全国10个藏族自治州之一，境内居住着藏族、傈僳族、纳西族、白族、彝族等26个少数民族。至12世纪末，藏传佛教噶玛噶举派分别从卫藏和康区两路传入云南德钦、中甸、维西、丽江、宁蒗、永宁等藏族、纳西族和普米族地区。

藏传佛教作为一种宗教形式，是藏族集中居住区社会生活的重要组成部分，对藏族集中居住区影响深远。迪庆地区在经济、文化、艺术、民俗等多方面都受到藏传佛教的影响。滇西北地区是"藏传佛教文化圈"的重要组成部分。

第三节
藏蒙传统村落文化的地域特征

作为文化的物质载体,藏蒙地区的传统村落建筑存在于特定地域,反映了不同地域的风土和文化的空间概念。不同地域的传统村落建筑文化都独特地表达了人们对该地域的体验,表现出了多姿多彩的地域特征。

一、藏蒙传统村落的民居建筑类型及其演变

(一)帐房及其演变

为了适应"逐水草而居"的游牧生活,藏族、蒙古族等少数民族主要居住在方便迁徙的帐房里。青藏高原海拔较高的地区,牧民大量放牧有"高原之舟"之称的牦牛。牧民将牦牛毛捻成线,织成"氆氇",然后缝制成较大的片,覆盖在用木棍搭成的框架上,框架四周用牦牛毛绳牵引,固定在地上,这便是牧民居住的冬季帐房。由于牦牛毛的颜色以黑色为主,织成的氆氇呈黑色,牧民便将冬季帐房称作"黑帐房"。牦牛毛织成的氆氇较为柔软,可任意折叠,而且保暖性好,经得起风雨侵袭。牧民凭借在高原生活的经验,一般把冬季帐房成片地搭建在背风向阳、水草近便的山坳地带。

同是适应游牧生活方式的帐房,在内蒙古高原,则演变为蒙古

包。蒙古包以羊毛为基础材料，把羊毛擀压成毡，后将其覆盖在木构架上，便成了便于搬迁的蒙古包。以毡为主要建造材料的蒙古包，非常适合内蒙古高原多风沙的气候特点，可以有效减少风沙对住所的危害。

（二）碉房民居及其演变

碉房，藏语称为"卡尔"或"宗卡尔"，原意为堡寨、堡垒或碉堡。西藏早期的宫堡堡寨往往依山临河，其代表就是位于西藏自治区山南市雅砻河谷的雍布拉康，这种"居高而筑，依山而建，垒石为室"的建筑具有较好的防御功能，同时也依借山势烘托出王权的崇高威严。这个建筑特点一直贯穿于藏族集中居住区的宫殿、寺院、民居等建筑之中，成为藏族建筑的传统风格。藏东南以及川西北高原地区位于横断山区，山大谷深、河流交错，居住在这一地域中的部落众多，部落之间或土司之间互不统属，斗争激烈，对于防御的需求较为迫切，因此在村落民居中衍生出一种将堡寨和民居功能相结合的建筑形式——碉楼。碉楼基本特征是用石块砌建或以土夯筑而成，高20—30米，平面形制多为四角形、六角形、八角形等。在《隋书·附国传》中对碉楼建筑有详尽的记载：附国"南北八百里，东西千五百里，无城栅，近川谷，傍山险。俗好复仇，故垒石为巢而居，以避其患，其巢高至十余丈，下至五六丈……状似浮图，于下级开小门，从内上通，夜必关闭，以防盗贼"。

在青藏高原的大部分地方包括滇西北地区，民居建筑形式多为藏式平房和平顶楼房。因农业在居民的生产方式中占比较大，农民的生产生活相对稳定，建材资源较牧区丰富，工匠砌筑技术较高，故碉房建筑成为其传统民居的主流。据《西藏志》记载："屋皆平顶，砌石为之，上覆以土石，名曰碉房。有二三层至六七层者。凡稍大房屋中堂必雕刻彩画，装饰堂外，壁上必绘一寿星图像。凡乡居之民多傍山坡而住。"① 这种碉房建筑仍然是青藏高原的主要民居形式。传统村落中的碉房底层用作牲畜圈、草料房，上层居住部分开大窗以纳阳光，这样形成的整个建筑结构上轻下重，有利于抗震。这种碉房建筑形式，其屋皆平顶的构造，随着降水的增多，如西藏林芝市的碉房，就演变为上覆木板，以利于排水的斜坡式构造。

（三）内蒙古的板升土房民居建筑

板升亦称"板申""白兴""拜性"等，为蒙古语音译，意为"房舍"。明朝后期，大批汉族移民迁徙到内蒙古，修筑房舍，开垦荒地。当时蒙古族将这些房舍村落和汉族百姓统称作"板升"，后来也泛指土木建筑的房屋、城堡及周围的园田。②

明清大量迁移而来的汉族移民在内蒙古定居开垦，就地取材，用当地丰富的生土、杨树、红柳建造了最初的具有山西风格的土木结构房屋。其外墙常常是土坯，经济条件好的人家用砖勾边或青砖内包土坯，房屋墙体较厚，有利于防寒保暖及保持墙体的稳定。单层住宅是内蒙古住宅中的主要形式。住宅的屋顶以双坡硬山屋顶居多，少数屋顶形式为平屋顶。据《托克托县志》记载："清朝、民国时期，城乡居民的住宅多为土木结构。盖房所用椽檩以杨柳居多，

---

① 《西藏研究》编辑部.西藏志 卫藏通志[M].拉萨：西藏人民出版社，1982.
② 叶大兵，乌丙安.中国风俗辞典[M].上海：上海辞书出版社，1990.

松杉甚少。屋墙农村多用旱坯，城镇用水坯，屋顶用胶土麦秸和成泥涂抹而成。生活较富裕的人家，盖房时用青砖走边压沿，四角落地，再高一级的房子用立面土坯，外面砖包，以筒瓦盖顶，类似砖木结构。纯砖木结构的房子甚少。"①

（四）崩空民居

西藏东部、四川及云南西部等地位于横断山区，地形多为高山峡谷，河流众多，森林植被丰富，具有充足的木材。因此，这一地带的民居多为井干式结构，用原木垒墙，在缝隙中填充泥土以防风雨侵蚀。这是我国西南地区的藏族、羌族、彝族、傈僳族等多个少数民族的房屋建造方法之一，至今仍然在川西甘孜州、西藏昌都等地存在。藏语称这一建筑形式为"崩空"，汉语称"木楞房"，这一建筑形式充分反映了自然环境对民居建筑的影响。

（五）窑洞民居

西藏西北部阿里地区的噶尔河、狮泉河谷等地，生态环境极为恶劣，碉房建筑所需的木料极为缺乏，当地居民依靠其生存智慧，选择将台地的较高崖面掏挖，门前稍加修整，形成平台和过往道路，构造了数量较多的窑洞群，成为民居建筑的主要形式。在西藏阿里札达县古格故城遗址中发现窑洞879孔，在其他遗址中也发现了大量的窑洞。窑洞在内蒙古中部阴山黄土覆盖的地区也很常见，黄土

---

① 托克托县志编写委员会.托克托县志（修订稿）[M].呼和浩特：出版者不详，1984.

具有直立性，比较适宜开凿窑洞。直立抗震的窑壁具有不易倒塌、需用建筑材料少、建筑费用低、冬暖夏凉等优点，其在内蒙古高原中部山地丘陵区较为普遍。

二、藏蒙传统村落民居建筑选材的地域性特征

（一）顺应自然的选材智慧

传统村落民居是经济性要求较高的建筑类型，因此尽量取用当地材料以减少运输费用，降低造价。因地制宜、因材致用、就地取材的选材原则造就了传统民居的地域特点，也体现了各民族顺应自然的建造智慧。

广袤的青藏高原，裸露的岩石及其风化物十分普遍，为当地各民族建造居所提供了取之不尽、用之不竭的石材。特别是在人口众多的河谷地带，由于河流沉积所形成的河流阶地中，有大量具有较好黏性、质地细腻、少沙砾的泥土，这为民居建造提供了丰富且环保的建筑材料。青藏高原传统民居建筑中另一个十分重要的材料就是木材。受青藏高原特定地域分异规律的限制，森林主要分布在西藏东南部以及喜马拉雅山南坡的湿润地区，高原内部缺少木材，为传统碉房的修建增加了不少困难，相较石块而言，木材在碉房建筑中用量较少，当地居民通过采伐藏南和藏东南林区的木材来满足建房的需要，并运用他们的智慧克服了运输的困难。石（土）木结构的碉房建筑，以石块或土坯砌外墙，石（土）块之间用泥浆抹缝，不怕风吹雨淋，坚固耐用。木材主要用作分层和支柱，用以增强外

墙的承重力，特别是在较大面积的建筑中，支柱的数量往往较多。

在青藏高原的东南部和滇西北的横断山区，由于有大面积的森林分布，木材是这一地区最为丰富的建筑材料。这一地区的民居建造，除少量用泥或石墙围护墙体外，其余全部使用木材建造成一种特色鲜明的木楞子（崩空）。

内蒙古高原，特别是中西部地区，土层较厚，用当地丰富的生土作为建材，建造墙体、地面和屋顶，加之少量的木材，无须复杂的技术，就能建造。正因为生土建造的便易性和居住的舒适性（冬暖夏凉），生土被大量应用于内蒙古高原的民居建筑。

（二）因地制宜的村落布局

水资源是人类生产生活最重要的物质要素之一。人类早期文明大多是沿河流产生和发展的。在传统村落的发展过程中，其受水源、地形、气候等自然条件影响十分显著。水源的便利性在村落选址之初便成为必要的条件，大多传统村落或依水系呈带状分布，或与河流保持一段距离呈块状分布。

青藏高原气候干旱，降水稀少，寒冷多风，耕地面积较少，牧区草原面积广阔，耕地主要分布在河谷盆地中。因此大多数村落的选址就在河谷或盆地中，那里也是定居农业的主要分布地带。青藏高原传统村落民居大多建在耕地边缘不宜耕种的地方或者靠近山坡台地。那里一般靠近水源或河流，便于居民生活用水的汲取。这种依山就势的村落民居，自由布局，错落有致，成团状分布，建筑分布紧凑，形成高原峡谷独特的村落景观。同时，也减少了对高原极为宝贵的耕地资源的占用，是生活在高原上的居民长期的经验总结。

青藏高原寒冷多风，防寒避风成为村落选址的另一个重要原则。因此，避风向阳的山麓或山坡凹地，就成为传统村落选址的主要地点，建筑朝向大多坐北朝南，以增加光照的时间，达到保暖的目的。

内蒙古地形以高原为主，还有山地、平原等地形分布。中西部气候干旱，东部气候湿润且河流较多。"靠山近水"是内蒙古高原村落选址的主要原则。"靠山近水"在干旱的内蒙古高原是其居民生活的必要条件。只有靠近河流或水源地，才能解决生活用水问题。在干旱的内蒙古中西部，引黄河水灌溉是河套平原主要的农业生产保障，因此，许多传统村落沿灌溉渠等引水设施分布，从而出现许多以渠、桥等为名的村落，如车家渠村（伊金霍洛旗）、南干渠（鄂托克旗）、五节桥（土默特左旗）、大桥屯（牙克石市）等。[①]山地或丘陵，特别是北部的山地，可以遮挡冬春季节较大的西北风的侵袭，民居建筑主要坐北朝南，院落布局北高南低，增加冬季房屋的光照，提高室内温度。内蒙古地广人稀，当地民居院落空间中建筑占比较低，院落中有较大的畜养空间，养殖部分包括羊圈、猪圈、鸡窝、草料区等，种植部分包括菜园、水井等。这种具有较大面积的院落空间体现了内蒙古地广人稀的地域特点。

三、以藏传佛教寺院为核心的传统村落布局

人文条件是决定传统民居民族特点的主要因素，而自然条件

---

① 哈丹朝鲁.内蒙古农业聚落的形成和主要类型[J].中央民族大学学报，1997（5）：4.

则是决定传统民居地域差别的主要因素。[①]青藏高原、滇西北地区、内蒙古高原分属不同的地理单元，地域广阔，气候复杂，地形多样，迥异的自然条件，塑造了不同的地域特色和与之相适应的生产生活方式，在自然条件和社会因素的共同作用下，形成了不同的传统村落形态与类型。由于藏传佛教的传播与扩散，这一地域形成了"藏传佛教文化圈"，藏传佛教在社会文化中具有强大影响力。因此，在青藏高原传统聚落产生早期，就有围寺而居的习俗。人们因宗教生活的需要，尽可能靠近寺院居住，方便举行宗教活动。久而久之，著名的寺院对周边聚落产生强大的凝聚力，使其周围的居住区规模越来越大，甚至成为较大的城镇，拉萨就是以大昭寺为中心，逐渐扩展形成的，因此民间流传着"先有大昭寺，后有拉萨"的说法。在内蒙古高原，藏传佛教对城镇聚落的影响也非常显著，著名的归化城（今内蒙古呼和浩特市旧城）就是以大昭寺为中心在原址上重新修建而成的，故民间有"先有大昭，后有归化城"的俗语。除此之外，内蒙古锡林郭勒盟多伦县、锡林浩特市、通辽市库伦镇等城镇都是以藏传佛教寺院为中心建立起来的。

（一）以寺院为核心的村落布局

在"藏传佛教文化圈"内，藏传佛教对社会生活的各个方面都有重要的影响，宗教成了人们日常生活中最为重要的一部分。藏传佛教寺院的建立，满足了人们心理和生活日常的需求。藏传佛教寺

[①] 陆元鼎.民居史论与文化——中国传统民居国际学术会议论文集[M].广州：华南理工大学出版社，1995.

院建成后，成为村落居民和周边民众活动的中心，民居建筑也就向寺院周边集聚，逐渐演变为以寺院为核心的村落。

　　甘南藏族自治州卓尼县尼巴藏寨村落是以玛尼房（藏族村落居民聚会的地方）为核心的村落布局。据尼巴村民讲，藏寨原始居民曾住在若尔盖草原上，过着逐草而居的生活，后尼巴人祖先迁入卓尼境内的车巴沟内，保留了草原上常见的居住形式——黑帐房，这种帐房用牦牛毛编织而成。后来由于当地气候严寒，帐房无法抵御恶劣的气候，人们于是在车巴沟较为陡峭的山坡上建起一层土碉房。以山形成建筑的三面墙壁，且外围夯土，被称为"马康"。这种土房在牧区被称为"冬窝子"，是牧民冬季居住的临时住所。后随着人口增加、定居生活越来越便利等，车巴沟逐渐产生了较大的定居村落。

　　由于村落居民对宗教信仰的需要和人口的不断增加、生产力的发展以及经济实力的增强，新的村落建筑不断向河边扩散，特别是受河对岸公路交通的便利性牵引，在老村对面，隔河建成了比老村更大的居民居住区，这时的建筑形式主要是二层结构的土碉房。原来修建于河流桥头的玛尼房成为整个村落的核心。宗教空间自此不再与生活空间隔离较远，而是变得生活化，玛尼房演变成村落重要的公共活动空间，人们经常到玛尼房旁边转嘛呢筒，这里也成为车巴村进行交易的场所。[①]

[①] 王望锌. 甘南藏族传统聚落与民居建筑研究——以卓尼县尼巴藏寨为例[D]. 西安：西安建筑科技大学，2016.

（二）以寺院和堡寨为核心的双核村落布局

在传统村落的形成过程中，除了宗教信仰外，交通、区位、商业、守备等因素都对村落的发展产生过巨大的影响。青海省黄南藏族自治州同仁县郭麻日村是在特定的历史条件下形成的双核传统村落。

郭麻日村所在地降水不足，属于半干旱区，但村落紧邻隆务河，河水既可作为农作物的灌溉水源，也有利于村落居民生活用水的汲取。从地形条件来看，郭麻日村位于隆务河的河谷，地势较为平坦，土壤较深厚，十分适合农业生产。明朝在全国各地遍设卫所，由于郭麻日村地处十分重要的交通路口，西通贵德，南通甘肃玛曲，东通甘肃临夏，北通西宁，就军事防御而言，这里自然成了军屯选址的宝地。卫所军人世代为军，郭麻日村军屯之人的身份是屯丁，属军户、军籍，受命于屯首土千户。因此，此地开始建造郭麻日古堡，作为军屯的堡寨，军屯的屯兵就住在堡内，也就是最初的传统村落。至清雍正七年（1729），军屯武装解散，军屯之人丧失了军人身份，变成了平民。军屯建制的废除导致了郭麻日古堡原住居民的外流，他们开始在堡外新建房屋，使得村落有了较大的扩张，但整个村落仍然以古堡为核心。

在历史发展过程中，郭麻日村传统村落的空间结构与格局在不断发生变化，藏传佛教在隆务的传播和兴盛导致了村落另一个结构中心的形成——郭麻日寺，村落居民新建的房屋开始朝寺院附近分布。郭麻日村的聚落布局最初呈以郭麻日古堡为核心的点状结构，随后，由堡寨向寺院逐步扩张，变为线状扩散结构；最后在此结构上再次全方向扩张，演变为更大的团状结构。在这一过程中出现了以郭麻日古堡为核心的单核结构，后演变为以郭麻日古堡和郭麻日寺为核心的双核结构。

四、藏蒙传统村落建筑中的文化要素

藏蒙传统村落民居中有许多藏传佛教文化的要素。

青藏高原的传统村落民居中，每家每户选择条件最好的房间作为供佛的经堂，在佛像前供奉净水碗，每天早上要更换，每到佛教节日，还要供奉水果等。在碉房顶层的一角设有专门用于祭祀的煨桑炉，每天早上的煨桑成为民众一天生活的开始。在藏族的建筑、帐房和生活用具上，有许多藏传佛教图案，如金鱼、宝瓶、胜利幢、法轮、吉祥结、右旋海螺、妙莲等，这些寓意吉祥的图案，表达了藏族民众对藏传佛教的敬仰和对美好生活的期待。

内蒙古高原的定居生活和历史上以走西口为代表的农业民族迁移有着密切的关系。由于农耕民族的进入，内蒙古高原的开垦造成了定居的趋势，导致大量传统村落的产生。由于定居的主体是来自北方的汉族，因此，内蒙古传统村落的建筑除了就地取材、适应当地自然环境外，其建筑外观、建造技术、结构等也大量借鉴了北方汉族民居建筑的特点。内蒙古中南部靠近陕西、山西等地的民居建筑具有明显的晋风特征。但内蒙古传统村落民居建筑风格受藏传佛教的影响仍然十分明显。藏传佛教传到内蒙古后，蒙古族的传统家神"翁衮"被藏传佛教的佛取代。条件好的家庭设有专门的佛堂，条件差一些的家庭也要在家中显著位置设一个小小的佛龛台。人们早上要在佛像前供上净水，晚上点燃油灯。在佛教节日期间，要给

佛像供献食物、糖果，还要到寺中敬献供养，给佛、菩萨像燃灯供物，给寺庙僧众献茶供饭、发放布施等。

在滇西北地区，村落中大多设置公共经堂，公共经堂由公共议事聚会的场所——公房，以及举行拜佛、转经、念经等活动的场所两部分组成。公共经堂成为联系僧侣、寺院和世俗的纽带。在滇西北的传统民居中，大都将位置最好的一间作为家中供奉佛经、佛像和念经的场所，设置讲究，干净卫生。房屋围墙的角上垒起烧香台，每天早上，人们用香柏枝在烧香台烧天香。房屋的顶上，插着印有藏文的经幡，用于祈求家庭平安。

第二章

Chinese Traditional Villages

中国传统村落文化抢救与研究
文化区系列

藏蒙传统村落之
西藏自治区

第一节
西藏自治区传统村落的风貌成因

西藏自治区位于青藏高原西南部,平均海拔在 4000 米以上,素有"世界屋脊"之称。北部和东部与新疆、青海、四川、云南等省区相邻。周边与缅甸、印度、不丹、尼泊尔、克什米尔等国家及地区接壤,是中国西南边陲的重要门户。下辖 6 个地级市(拉萨市、昌都市、日喀则市、林芝市、山南市、那曲市)、1 个地区(阿里地区)。截至 2018 年,西藏总人口约 344 万人,藏族占总人口的 92%。除此之外,还有汉族、回族、门巴族、珞巴族等。

一、自然因素

(一)区位因素

西藏自治区地处青藏高原的腹地,海拔高峻,气候寒冷,干旱少雨,草原广布,经济上以畜牧业为主,农业发展基础薄弱,与全国其他地区相比,属于传统村落相对稀少的地区。西藏自治区四周高山环绕,南边是喜马拉雅山,东边是横断山,北边是昆仑山和唐古拉山,西边是帕米尔高原。地理环境相对封闭,传统村落本土色彩浓厚,保存相对较好。西藏自治区的东部地区多高山峡谷,宜林宜牧,是古代茶马贸易的重要通道,当地的传统村落呈现出多元文化交融的特征。

（二）地形因素

西藏自治区地形复杂，大体可分为四大地带：藏北高原、藏南谷地、藏东高山峡谷及喜马拉雅山地。西藏自治区的西部和北部高原地区畜牧业发达，是优良的天然牧场，生活方式以传统游牧为主，较少有传统村落分布；雅鲁藏布江中下游的拉萨、日喀则、山南等河谷地带土地肥沃，水热条件较好，农业发达，是西藏自治区传统村落分布最密集的地区。整体而言，西藏自治区传统村落的民居形式包括农区和半农半牧区的"屋皆平头"的楼房，藏北牧区的帐房，林区的木结构建筑，珞巴族、僜人的"长房"，门巴族的干栏式木屋，它们以独特的个性直观地展示了西藏自治区各民族各地区的建筑特点。

（三）气候因素

西藏自治区复杂多样的地形地貌，形成了独特的高原气候。除呈现出阿里、那曲地区气候严寒干燥，昌都、林芝等地气候温暖湿润的总体气候特点外，还有多种多样的区域气候和明显的垂直气候带。"十里不同天""一山有四季"等谚语即反映了这些特点。西藏自治区气温偏低，年温差小，昼夜温差大，降水较少。因此，西藏的房屋建筑大都为石木或土木结构的平房或楼房。阿里、那曲等地海拔高，牧民过着逐水草而居的游牧生活，这导致了牧民的频繁迁徙和居无定所，帐房这种易搭易拆、方便实用的居住形式便成为人们在长期生产生活实践中的必然选择。

二、文化因素

（一）宗教因素

宗教对中国村落文化的作用，表现在它对村落成员的组织与维系功能。不同时期，受不同宗教信仰影响，西藏各地区形成了不同的居民聚落、建筑单体建造、建筑装饰风格。

每家每户都有供佛的设施。最简单的也设置供案，敬奉菩萨。富有宗教意义的装饰更是西藏民居最醒目的标识，外墙门窗上挑出的小檐下悬红、蓝、白三色条形布幔，周围窗套为黑色，屋顶女儿墙的脚线及其转角部位则是红、白、蓝、黄、绿五色布条形成的幢。在藏族的宗教观中，此五色分别代表火焰、祥云、天空、大地、江河，以此来表达吉祥的愿望。①

西藏自治区最具代表性的聚落方式是宗教聚落。宗教聚落的形成与发展增添了西藏自治区民居的魅力，如拉萨的八廓街民居群是围绕大昭寺发展起来的，是宗教聚落的典型代表。农牧区民居聚落的形成以寺院为中心，自由布置、彼此错落，形成不相连属的格局。

（二）风俗习惯

在历史的长河中，藏族人民发展出了独特的风俗习惯。受人与自然和谐共处观念影响，藏族民众认为人与自然应该呈现一种和谐关系，自然界万物都会影响人的生活，自然界的一切生灵可以影响

---

① 杨环.试论藏族建筑文化的特殊性[J].中华文化论坛，2004（4）：83.

到人的生活状况甚至吉凶祸福。因此，西藏自治区不同区域的聚落不断摸索建造出适应地形、气候特征，反映各地各民族风俗特色的建筑结构。

在西藏自治区，房屋整体结构的布局受各种传统习惯的影响，形成了不同风格的传统村落。昌都市、林芝市多半为山区，一般民居建筑沿河岸两侧自由散落分布，多为木质结构和尖顶的房屋风格；藏北地区如阿里、那曲等地因气候恶劣、人口稀少，以游牧为主的生产生活方式决定了其民居多采用即拆即走的可移动式帐房。

三、社会因素

西藏自治区除了藏族外，还居住着其他民族，如汉族、门巴族、珞巴族等。各民族之间的相互交流和人口迁移，对西藏自治区的传统村落风貌产生了一定影响。特别是近代以来，汉族、蒙古族、回族等迁入西藏以后，把本民族的居住习俗和生活方式也带入西藏，使西藏自治区的传统村落也呈现出不同的文化元素。

随着西藏自治区旅游业的不断发展，在外来文化与本土文化的不断碰撞融合下，西藏自治区的传统文化及观念受到了巨大的冲击。尤其是年轻人到城市生活后，逐渐适应了城市生活，他们的居住空间观念也发生了巨大的改变。同时，人们的价值观念和道德准则也发生了诸多变化，这些无不对传统村落文化的传承和发展造成严重冲击。居住空间的转变，改变了这些地区传统的生产生活方式以及文化传承。

第一，城镇化建设改变了人们长期以来所形成的生活方式，传统文化的传承受到影响。第二，城镇化导致人口流动频率加快，文化传承秩序受到阻断。第三，工业产品的日益丰富，使得很多民间工艺品的消费逐渐萎缩。① 第四，城市化进程的加快，对民族内部的凝聚力产生影响，促使民族文化的生存载体逐渐脆弱。第五，民族文化传承机制在一定程度上受城市化的影响发生断裂，民族文化传承人越来越稀缺。②

第二节
西藏自治区传统村落的地理分布与类型

一、地理分布

（一）政区分布

2012—2019 年，西藏自治区共有 31 个藏族村落入选五批次中国传统村落名录。从全国整体传统村落分布情况来看，西藏自治区传统村落所占比例很小。从本自治区传统村落的分布情况来看，山南市的传统村落主要分布在错那县、洛扎县；日喀则市的传统村落在各县都有分布；林芝市的传统村落主要分布在工布江达县错高乡、

---

① 马伟华.冲击与整合：城市化进程中民族社会的变迁与发展——基于民族文化、民族关系、民族权益三个视角[J].西南民族大学学报（人文社会科学版），2014（6）：17.
② 张晓琳.社会变迁对民族传统体育文化传承发展的影响[J].鸭绿江（下半月版），2015（6）：2155.

波密县玉普乡、巴宜区鲁朗镇；拉萨市的传统村落主要分布在墨竹工卡县甲玛乡、尼木县吞巴乡和堆龙德庆县；昌都市的传统村落主要分布在左贡县东坝乡和洛隆县硕督镇。

（二）地形分布

西藏自治区的人口主要集中在藏南谷地和藏东峡谷，相较藏北高原，谷地的环境较为适宜农业发展。因此，以定居形式分布的西藏自治区传统村落大多集中在藏南河谷地带和藏东高山峡谷地区。

二、村落类型

西藏自治区传统村落的形式和结构因不同地域的地理环境、气候条件和生产方式的不同而表现出较大的差异。西藏传统村落大致包括原始生态型、特色产业型和旅游发展型三种类型。

（一）原始生态型

这一类型的传统村落大都保存完好，保持原有的风貌，很少受到外来事物的侵扰。这一类型的传统村落数量较多，西藏自治区的大部分传统村落属于这一类型。比较典型的是林芝市工布江达县错高村。错高村位于林芝市工布江达县错高乡巴松措湖东北，扎拉沟与仲措沟的交汇处；背靠杰青那拉噶布雪山，属于高山峡谷地形。

图 2-1
林芝市工布江达县
错高村民居

(图片来源:杨志黎 摄)

村民选用当地的木材、石材,用榫卯结构建造房屋。错高村是林芝市唯一比较完整地保存了当地藏族村落布局特色、民居建筑风格及习俗、文化、信仰的传统村落。

(二)特色产业型

这一类型的传统村落除了有古朴的风貌之外,大都还有独具特

图 2-2
吞达村民居

色的传统产业支持村落的发展。比较典型的村落如拉萨市尼木县吞达村。吞达村位于拉萨市尼木县吞巴乡，是藏文鼻祖——吞弥·桑布扎的故居。吞达村以制作藏香驰名西藏，其藏香生产工艺被评定为国家级非物质文化遗产，藏香生产是当地居民的主要收入来源。

（三）旅游发展型

这一类型的传统村落大都风景比较优美，因临近城区或著名景区而广为人知。比较典型的村落如拉萨市墨竹工卡县甲玛乡赤康村、林芝市扎西岗村。赤康村位于甲玛沟谷地，四面环山，植被丰茂，风景优美，历史文化悠久，是松赞干布的出生地，拥有著名的松赞圣泉。作为历史文化和自然资源都非常丰富的传统村落，赤康村的旅游业发展迅速，现已成为西藏自治区重要的旅游地之一。

第三节
西藏自治区传统村落的物质文化景观

一、村落的形态布局

（一）村落与环境关系的因应处理

青藏高原气势磅礴，地形复杂多样。藏东高山峡谷地区北高南低，多终年不化的雪峰，高山上部的牧场、江河两岸一定面积的农田，形成了这一地区特有的农牧交错区。当地居民充分利用有利地形，创造出适合这种地形的建筑和自己的生活方式。藏南谷地是西藏的主要农业区。这一地区的民居建筑在建筑造型、外墙色彩以及建筑材料等方面都具有不同特色。有的以石头建成，有的用土坯建造，也有的是夯土建筑。其建造工艺、平面布局、立面造型都具有不同特色，这也是当地居民为适应自己的生产生活而创造出来的民居建筑。藏北高原是游牧民族的故居。这里的牧民因受自然气候和生产生活的影响，选择用牛毛织成的帐篷作为居所。喜马拉雅山脉地带石材较充足，花岗岩资源丰富，大多以片石为主，当地居民就地取材，创造出适合自己的民居建筑。西藏建筑史上非常有名的岗巴城堡建筑是用片石建造起来的。

藏族人民因为生活在高原这种极端严酷的环境中，因此形成了较其他民族更加突出的自我防卫心理。这种心理逐渐形成了民族的集体防御心理，并直接反映在各自的生活方式上。比如为了消减生存的威胁，人们在住宅内布置佛堂，在室外挂满经幡，在道路旁堆砌玛尼堆；另外西藏传统民居的大门都采用矮门。

除此之外，藏族人民还在长时间的社会动荡中面临着危险，从远古时代小邦（部落）之间的长期争斗，到奴隶制社会各邦国之间为了粮食、土地、人口等不断地征战和掠夺。在这种社会环境下，很多村落建筑采用厚重的石材砌筑，开窗较小并且数量极少。村民更把村址选在高地，形成易守难攻的优势。这种建筑形态就是碉楼。

图 2-3
藏式碉楼
（图片来源：达桑 摄）

（二）村落的总体形态特征

1. 以寺院为中心的空间形态

在西藏自治区，大小寺院随处可见。因此，传统村落以寺院建筑为中心，向周边自由发展，从而形成聚落。以中心为主的村落空间形态主要是受宗教信仰及人们已经固化的生活方式影响，通过这种空间形态，每一户居民可以更方便地围绕寺院进行转经、修行。因此反映在村落空间形态上，就是以寺院为中心，向周边一层一层扩散，形成多层空间的转经路。

2. 顺应自然的空间形态

通过观察西藏自治区传统村落的选址和发展轨迹不难发现，村落空间形态发展多数是顺应自然环境的。如雅鲁藏布江流域的村落多沿河流分布，而山体较多的地区往往为了争取更多的适合于耕作的农田，因此将村落建在山上，通过每家每户在不同高度的民居形成自由生长、随意布局的顺应山势的空间形态。

图 2-4
日喀则吉隆县汝村
（图片来源：西藏自治区设计院供图）

3. 居于高地的空间形态

西藏传统的建造中有"天梯说"这一设计思想。这是因为在西藏的历史传说中,人生前积善较多,将罪孽赎清,死后便能登上天界,而自然环境中的山体就是帮助人们登上天界的天梯。在这种"天梯说"影响下,人们将重要的宫殿和房屋建在山上,力求居于高地以便更快地登上天界。这种居于高地的空间形态在实际建造中,也是出于防卫、安全的心理。因此在西藏,这种因山势居高而建的村落以及其他建筑分布较广。

图 2-5　布达拉宫背景
(图片来源:琼达　摄)

二、村落的室外空间类型及其特征

(一) 村落的聚集空间及其特征

1. 沿河谷平原——散落与"平铺"

西藏自治区按照地貌形态主要划分为藏北高原、藏南谷地、藏东高山峡谷以及喜马拉雅山地四大地带。藏东多为山区,河谷面积较少,一般民居建筑沿河岸两侧自由分布,多为简陋的土坯房。藏北因气候恶劣、人口稀少,以游牧为主的生产生活方式决定了其民居多采用即拆即走的可移动式帐房。这一地域的传统村落多为散点式分布。藏南谷地地势低洼,水源充足,土壤肥沃,为大规模的建造房屋提供了充分的自然条件。此地河谷平原民居多围绕寺院而建,形成自然的聚落,从一个或多个中心向外延展生长,参差错落,和谐共生。虽然建筑单体平面布局较为简洁,但通过不断的重复、拼接、扩展,形成了极具生命力的建筑群体,建筑外部空间也因房屋的自由布局、体量的错落变化而变得饶有趣味。

2. 依山而建——层叠与"直叙"

西藏自治区河谷平原面积相对狭小,人们既要靠近赖以生存的水源,又要避免雪山融水和降雨导致的江河泛滥,谷底两侧的山地便成了理想的安居之所。整个村落通常依坡而建——将山坡处理成若干个台地,台高与建筑层高相仿,上层建筑就建在下层建筑屋顶及台地上,有时还会采用穴居与干栏式建筑相结合的方式,充分利用良好的日照条件,层层叠叠向上发展。为抵御外敌及防范洪水灾害,在地形险要的山顶与山脊也常会看到一些与山体色泽、材质相近,形态自由的宗山建筑群,这些建筑高低错落,通过石阶或石墙相连,并与山势巧妙融合。另外,许多宫殿庙宇都择山而建,充分利用山地凹凸转折,遵循建筑单体—院落—组群的构成原理,由非常简单的基本单元组成复杂的群体结构,远远望去,整个建筑群群楼重叠,外观巍峨。

(二)村落的交通空间及其特征

西藏自治区传统村落整体规模较小,交通空间比较简单,主要分为对外交通空间和村内道路。村落通过山体等高线,呈"之"字形蜿蜒而上,到达村口。村级道路依据山势和水流、聚落主要出入口以及民居朝向形成一条主干道。主干道与辅路相互交织、配合,紧密连接了聚落的生产、生活和宗教空间。村落对外交通多数沿着国道和省道,比如日喀则吉隆县传统村落坐落于318国道沿线。

(三)村落的游憩空间及其特征

各个传统村落都有自己的休憩空间。由于所处地理位置和村落大小的不同,这些村落的休憩空间呈现出不同的特征,譬如村落周边的草地、广场、水磨房等。西藏自治区的很多传统村落风景比较优美,也由此成为人们的游憩空间,其中,最具代表性的是林芝市错高村。错高村背倚雄奇陡峻的杰青那拉噶布雪山,海拔6300余米,面临碧波如镜的巴松措湖。湖边有大片牧场和湿地。错高村的村民在闲暇之余,在错高村的牧场和湿地边歌舞庆祝节日，于是这些牧场和湿地便成为错高村村民放松的游憩空间。

（四）村落的生产空间及其特征

西藏农区传统村落生产空间主要包括田地和晒谷场（晒盐场），牧区传统村落生产空间则包括草场。这些生产空间不仅是村民平时生产生活必需的场所，同时也是体现村落整体机构的框架，其不仅为人们提供生活所需，还能促进人与人的交流和沟通，西藏自治区的很多民间艺术来自生产生活，因此生产空间有着非常重要的作用。

图 2-6　昌都盐井

昌都的盐井位于横断山区澜沧江东岸。盐井乡历史上是吐蕃通往南诏的要道，也是滇茶运往西藏的必经之路。盐井盐田这道人文景观是"茶马古道"上唯一存活的人工原始晒盐风景线，被称为"阳光与风的作品"。

三、村落里的建筑景观

（一）民居建筑景观

1. 帐房

帐房是牧区藏族群众千百年来的居住形式。逐水草而居的游牧生活方式，决定了牧民的频繁迁徙和居无定所，帐房这种易搭易拆、方便使用的居住形式便成为人们在长期生产生活实践中的最佳选择。

传统帐房是牧民用牦牛毛线织成的，帐房设有天窗，打开可以通风和排烟，关上就能防风雨和保暖。帐房内有炉子，并摆放简单的家具和供佛台。这种帐房制作简单，拆装灵活，运输方便，是牧民为适应逐水草而居的流动性生活方式所采用的一种特殊的建筑形式。

2. 碉房

西藏自治区中部的日喀则、拉萨、山南一带的民居建筑大都是土木结构或石木结构的二层楼[1]，一般为平屋顶，也有坡屋顶，其立面主要色调多为红白相间，墙一般用白砖墙，门窗多为红色调，一

---

[1] 杨慧媛.西藏高原的地区建筑形态构成要素研究[D].北京：北京建筑大学，2015.

般采用挑出雨篷，其挑出雨篷部分多做华丽夺目的装饰。[1] 窗上多挂彩色窗帷，红、黄、蓝、白交映，屋檐多为飞檐，涂鲜艳的油彩，极富风情。

一般的住宅建筑，大门是装饰的重点，外墙的门、窗上均挑出小檐，檐下悬挂红、蓝、白三色条形布幔，周围饰黑色窗套，屋顶女儿墙饰以脚线，转角部位稍稍凸起，插五色布条做成的幡，迎风招展[2]，这是藏族民居最普遍、最简单，但是非常醒目的装饰。

西藏自治区大部分地区气候干燥，年降水量少，居住在这些地方的藏族群众的衣、食、住比较简单朴素。冬季不采暖，多以牛粪为主要燃料。藏族民居的室内空间尺度较小，以日照采暖为主，室内阳光充足。由于空间较小，藏族群众一般摆放少而精、多功能的藏式家具，主要有三大件：一是卡垫，卡垫是藏族人民的一种经济适用的软坐垫，其内填充青稞秸和獐子毛，白天将卡垫折叠起来作为软坐椅使用，夜间将卡垫展开可作为临时床垫；二是藏式小方桌，专供饮食、书写、存放餐具等用，多布置在靠窗的卡垫前，是藏族人家必备的家具之一；三是藏柜，专供存放衣物，并有分隔室内空间的作用。小方桌与藏柜的制作工艺颇为精巧，漆饰也十分讲究。

（二）寺院建筑景观

西藏寺院建筑由于类型不同，其构成和风格也有区别。根据建筑形制分为"平川式"和"依山式"两种。平川式寺院，如桑耶寺、

---

[1] 盖湘涛.西藏建筑[J].西藏艺术研究，2013（1）：73.
[2] 佚名.建筑之美——走进西藏传统民居[J].新西藏（汉文版），2018（12）：50.

大昭寺、小昭寺、萨迦南寺、夏鲁寺、纳塘寺、扎塘寺等，主殿居中，经堂、僧舍等环绕在主殿四周，并有转经道。主殿的下部墙体用石块砌成，下大上小，上层为平台，佛殿建在平台上。西藏自治区的寺院建筑不仅规模大、数量多，而且集中体现了建筑技术的精华，为西藏建筑的瑰宝。

（三）宫殿建筑景观

西藏自治区的宫殿建筑始于聂赤赞普时期（公元前3世纪中期），吐蕃时期得到发展。

图 2-7　山南扎西曲登村寺庙

宫殿，藏语称"颇章"。吐蕃王室的宫堡建筑多为直筒式，采用石砌、土夯与木结构相结合的建筑方式，基本特征为平顶、高层、厚墙，墙体逐层向上收分。布达拉宫建在高耸的自然山体上，以山巅为天然基座，并完全依山势起伏来修建，从而借助高耸的自然山体来衬托出建筑的雄伟、高峻与挺拔。这类建筑除布达拉宫外，还有山南乃东区雍布拉康、日喀则江孜古堡、阿里地区札达县古格王朝遗址等。

（四）庄园建筑景观

民主改革以前，归西藏贵族所有并经营的庄园称为"溪卡"。庄园建筑是西藏农区建筑的一部分，其豪华程度远非普通民居可比。

位于日喀则康马县境内的朗东庄园，其主体建筑的进深和跨度都比较大，空间使用的舒适特性当归因于天井空间的合理穿插使用。单体建筑内部的平面布局构图常不遵循中轴对称的原则。尽管我们从外立面上很容易得出建筑单体左右对称的结论，但建筑单体的内部空间布局实际上非常复杂，房间分隔因功能的不同较多变化。上下楼层的空间划分亦多变，空间并不上下对应，上下楼层的柱子和墙体亦不完全贯通。在保证结构稳固的前提下，适当用柱子代替墙体，或者用细的隔墙来代替柱子，添加或减少墙柱的现象比较多见。这使得一些建筑内部空间表现出近似迷宫一般的特色。[①]

[①] 焦自云.西藏庄园建筑初探[D].南京：南京工业大学，2006.

图 2-8
阿里地区古格王朝遗址
（图片来源：朱普选 摄）

第四节
西藏自治区传统村落的非物质文化景观

一、宗教文化景观

从形态的角度解读西藏自治区的传统村落与建筑，可以发现宗教对村落及建筑的影响贯穿始终，表现为寺院对村落格局的影响。此外，村落中还有具有宗教含义的各种标识，如村口的玛尼堆、随风飘动的经幡、建筑屋顶的风马旗等。

（一）宗教文化景观

1. 经幡

经幡是青藏高原上的一道独特风景，是将印有经文、佛像或一些吉祥图案的幡挂在屋顶或山口等有风的地方，以求消灾祈福，祈求平安。在民居的装饰上，每家每户除了设置供佛的佛龛外，有的还会在房顶的一角设专门供祭祀煨桑用的"桑普"（祭烟炉），以卫藏地区较明显。一些地区房顶插"嘛呢旗"和挂经幡；室内堂屋的中柱是一个家庭的神圣支柱，柱上常挂哈达、谷物之类的物品，表示对祖先的崇拜；在内墙及壁柜上常绘制一些有吉祥寓意的图案。①

2. 煨桑炉

煨桑是藏族民众中最普遍的一种宗教祈愿礼俗，几乎每家每户都在院子中央或屋顶洁净之处备有煨桑炉。煨桑时把松柏枝引燃，然后再撒上些许糌粑以及供品，最后再用松柏枝蘸上清水向燃起的烟火挥洒三次。煨桑者口诵"六字真言"。

图 2-9
林芝错高村的经幡和煨桑炉

（图片来源：杨志黎 摄）

---

① 杨环.试论藏族建筑文化的特殊性[J].中华文化论坛, 2004（4）：84.

图 2-10
林芝错高村转经筒
(图片来源：杨志黎 摄)

3. 转经筒

转经筒又称"嘛呢经筒"。藏传佛教认为，持诵"六字真言"越多，表明对佛越虔诚。因此人们除口诵外，还制作嘛呢经筒，把"六字大明咒"经卷装于经筒内，每转动一次就相当于念诵经文一次。在藏族集中居住区，转经筒有小型的可以随身携带，人们一有闲暇就可用手不断转动经筒，大型的经筒一般在村落或寺院外，在有些村落还有用水力推动的水转嘛呢经筒。

（二）祭祀活动

1. 占卜

藏族先民的占卜术通常以使用的占卜工具来命名。如用牛毛绳（后来改为色线）做占卜工具的叫"线卜"，用先民在战争或狩猎时所使用的箭做占卜工具的叫"箭卜",用牛羊的肩胛骨做占卜工具的叫"骨卜",以本教法器之一的单面小鼓做占卜工具的叫"鼓卜",用骰子做占卜工具的叫"骰子卜"等。①

2. 祈福

在西藏自治区,祈福是生产生活中一种十分常见的仪式。小到出远门,大到婚丧嫁娶,都离不开祈福,祈求神灵的保佑和赐福。

3. 祭祀

西藏自治区地域辽阔,习俗各异,所进行的祭祀活动也丰富多彩。比如日喀则桑珠孜区德勒(德勒社区)祭土地神庙的仪式别具一格。由十几个年轻力壮的男子从河边凿一块巨大的冰块,再将其背到土地庙,村民一同来到土地庙,共同敬献哈达和酒祈求神灵保佑。

二、民俗文化景观

(一)节庆活动

1. 新年

西藏自治区因为地域文化的差异,各地过年的习俗不尽相同。如林芝是在藏历十月过年,日喀则在藏历十二月过年,其他地区包

---

① 次仁央宗. 藏族占卜文化[J]. 西藏民俗, 1998(1): 26-27.

括首府拉萨和山南、阿里、那曲、昌都等地是在藏历一月过年。

2. 望果节

望果节是庆祝丰收的节日，一般是在藏历七八月份举行，具体根据农事变化来定。这一天，男女老少身着节日盛装，手持青稞穗，背负经书，打着彩旗，敲锣打鼓，唱着颂歌，绕行于田间地头，之后集会于河坝林间，饮酥油茶和青稞酒，唱歌跳舞，预祝丰收吉祥。

3. 春播节

春播节是播撒种子的节日，试耕土地，一般在藏历每年正月的某一个吉祥日举行。

4. 沐浴节

沐浴节也称为"沐浴周"，藏语叫"嘎玛日吉"。藏历七月，天高云淡、风和日丽，在这段时间里，男女老少携家到岸边洗头、擦身、嬉戏，不亦乐乎，人们不仅彻底清洗自己，还把自家所有要洗的衣物统统洗干净。

5. 赛马节

在西藏自治区，最具特色的赛马节是日喀则江孜达玛节和那曲的恰青赛马节。赛马节主要内容是跑马射箭以及马术表演，人们通过赛马娱乐身心，欢庆丰收。

图 2-11
藏戏表演

（图片来源：琼达 摄）

6. 雪顿节

藏语中"雪"是酸奶的意思，"顿"是宴的意思，"雪顿节"是吃酸奶的节日。相传藏传佛教格鲁派祖师宗喀巴为僧徒制定了一条夏安居的规定，即僧徒在夏季只准在室内修习，以免无意杀生，这种禁戒要持续到藏历六月底七月初。到开禁的日子，僧徒纷纷出寺下山，除享受世俗百姓施舍的酸奶佳宴外，还能尽情玩乐。后来随着百姓的参与，雪顿节逐渐成为一年一度的群众性节日。由于雪顿节的主要内容逐渐演化为藏戏演出，所以其又称"藏戏节"。

（二）婚丧嫁娶

1. 婚俗

藏族的婚恋礼俗，从择亲选偶、定亲迎娶到婚后习俗都具有鲜明的民族与地域特点。同时，又带着鲜明的时代印迹，呈现出传统与现代交织混融、多姿多彩的风貌。① 传统藏族婚姻一般有求婚、订婚、婚礼等程序。

2. 葬俗

据考古工作者在山南、林芝、阿里等地发现的墓群和考古普查工作中收集的材料证实，西藏的墓葬早在1000多年前就已具备了一套完整的制度，丧葬礼仪隆重，葬后还有定期的祭祀活动。

西藏比较古老的丧葬习俗是土葬，尤其是吐蕃时期身份尊贵的人实行土葬。达赖、班禅及少数大活佛用塔葬。在西藏自治区的林芝市，森林繁多，当地的老百姓一般用火葬，只有穷人、儿童和一些病死者才用水葬。每一种丧葬习俗都有特定的时间、范围和意义。

（三）特色饮食

西藏有独特的食品结构和饮食习惯，不同地域有不同的饮食烹调方法和食用方法。其中酥油、茶叶、糌粑、牛羊肉为藏族民众所喜爱，还有一些地方的群众喜爱青稞酒和奶制品。

藏餐菜品不多，不分菜系、菜派，但不同地方的菜品风格各异。细细研究藏餐，其大致可分为四大风味：以阿里、那曲为代表的羌菜；以拉萨、日喀则、山南为代表的卫藏菜，也叫拉萨菜；以林芝、墨脱、梓木为代表的荣菜；以过去王家贵族及官府中的菜肴为代表的宫廷菜。藏餐菜品共有200多种。②

---

① 陈立明.藏族传统婚俗文化及其变迁[J].西藏大学学报（汉文版），2002（2）：38.
② 郭佳欣.西藏美食[J].西部大开发，2011（11）：115.

（四）传统服饰

西藏自治区地域辽阔，由于地理环境、气候不同，自然条件差异很大。为适应自然环境，生活在不同气候条件下的人们，穿着也不同，各地区特色鲜明的区域性服饰共同构成了丰富多彩的西藏服饰艺术。[①] 不同区域的服饰根据式样、色彩、材料、制作、穿戴、佩饰等形成不同的服饰风格。西藏服饰大致可以分为卫藏服饰、安多服饰、康巴服饰等。

图 2-12　山南市乃东区服饰

图 2-13　康巴藏族集中居住区服饰

---

① 其美卓嘎.西藏服饰艺术[J].西藏艺术研究，2004（1）：69.

（五）方言

生活在西藏自治区的人们在长期的生产生活过程中逐渐形成了以聚落空间为中心的语言环境，在日常生活中渐渐把大家互通的语言作为交流和沟通的工具，方言中某些固定短语、习用的句子，能体现地域习惯。在西藏自治区，常见的方言有卫藏方言、安多方言、康巴方言等。

三、文化艺术景观

（一）民间文学

最为著名的藏族民间文学当属《格萨尔王传》。藏族民间故事浩如烟海，它是藏族文化的重要组成部分。藏族民间故事分为两大类：一类是口头流传的故事，另一类是书面记录整理的故事。书面故事中，有一类格言故事，如《萨迦格言》。西藏自治区的民间故事内容十分丰富，因为它来自民间，反映了藏族人民内心深处的爱憎，表达了他们对美好生活的强烈愿望。正因为这些故事是广大群众的心声，给人们以勇气和力量，所以人们爱听它，爱传它，使它富有生命力。

（二）民间绘画

1. 唐卡

唐卡是藏族文化中独具特色的绘画艺术，内容涉及藏族的历史、文化、生活、生产、医学等。在山南昌珠寺有一幅珍珠唐卡，价值连城，享誉西藏各地。

2. 壁画

壁画是西藏自治区比较常见的一种绘画艺术，寺庙、宫殿、民居等墙壁上都绘有壁画，其中寺庙和宫殿壁画是西藏壁画中的精品。

图 2-14
宗喀巴大师壁画

（三）民间音乐

西藏自治区的民间音乐较为丰富，如果谐"转圈舞"、日喀则拉孜县的堆谐、拉萨的囊玛、康区流行的热巴。卫藏、康巴、安多三大方言区的民间音乐在风格上有明显的差别，乐种也不同。[①] 除此之外，西藏自治区还有宗教音乐，包括诵经音乐、宗教仪式乐舞羌姆（跳神）、寺院音乐等。

（四）民间舞蹈

1. 藏戏

藏戏的藏语名叫"拉姆"，意为"仙女"。据传藏戏最早由七姐妹演出，剧目内容多是佛经中的神话故事，故而得名。藏戏起源于8世纪藏族的宗教艺术，17世纪时，从寺院宗教仪式中分离出来，逐渐形成以唱为主，由唱、诵、舞、表、白和技等基本程式相结合的生活化表演。藏戏反映各个历史时期的西藏人民的生活。[②]

2. 跳神

藏语称跳神为"羌姆"，是藏传佛教寺院祭典活动之一，是由僧侣表演的宗教舞蹈。

---

① 汪效华. 藏族音乐在学校教育中的传承——甘南藏族自治州藏族学生学习藏族音乐情况调查及反思 [J]. 才智，2012（10）：300.
② 佚名. 藏戏 [J]. 文史月刊，2010（9）：2.

图 2-15
楚布寺跳神活动
（图片来源：旺久 摄）

（五）民间工艺

1. 藏纸制作技艺

自唐朝文成公主远嫁吐蕃起，中原造纸术传入西藏已有1300多年的历史。8世纪以来，为译经需要，藏族人民不断学习、借鉴周边民族先进的造纸技艺，就地取材，生产出独具地方特色的藏纸。西藏尼木县藏纸以其独特的造纸技艺享誉西藏各地。

2. 锻造技艺

西藏锻造技艺以拉孜县藏刀锻造技艺和藏族锻铜技艺（锻铜技艺主要用于佛像）为典型代表，具有艺术风格独特、技术精湛、工序繁多、制作严谨等特点。

3. 雕塑工艺

西藏雕塑始于 7 世纪，17 世纪为鼎盛阶段。西藏雕塑的题材包括神佛、人物、飞禽走兽、花草树木、楼台亭阁、花纹图案等。西藏日喀则扎什伦布寺强巴佛像是巨大佛像雕塑中的珍品。

第五节
西藏自治区传统村落集萃

一、昌都洛隆县硕督镇硕督村

（一）基本情况

硕督村位于洛隆县硕督镇政府所在地，村委会驻地海拔 3600 米，辖 7 个自然村。该村属半农半牧性质，全村经济结构单一，劳务收入比例低，村民主要收入来源为采挖虫草和出售菌类等；主要经济产业为特色产业（传统腌制泡菜）、设施农业、庭院旅馆等。制约经济发展的不利因素是农牧民文化水平低，村民思想相对保守、落后，在发展致富上缺少技术、资金，且交通出行不便。

（二）选址特征

硕督村位于硕督镇人民政府驻地，在 303 省道主线旁。村落选

图 2-16　硕督村村貌

（图片来源：谢周疆 摄）

址于达旺曲东侧的山坡上。"硕督"也可译为"硕般多"，意为"险岔路口"或"收税的岔路口"。硕督曾是茶马古道的必经之路，也是兵家必争之地。从云南、四川出发的茶马古道均需从这里经过，这里也是政府官员、商人、朝圣者来去拉萨的必经之地和驿站，外来的汉族人非常多，现为藏族和汉族混居之地。大量的历史遗迹为硕督披上了一层神秘而又神奇的外衣，从古至今成为人们心所向往之地。

（三）文化景观

硕督村及其周边遗留了大量的古代建筑

和历史遗迹，虽为藏族和汉族的混居之地，但是硕督村境内的房屋建筑均具有少数民族特色，有多处优美的自然景观和历史文物古迹（如土长城、清代汉墓群、硕督宗遗址、硕督寺等）。

二、昌都左贡县东坝乡军拥村

（一）基本情况

左贡县东坝乡位于左贡县西部，地处怒江流域，平均海拔2780米。这里四季如春，气候宜人，风光旖旎，物产丰富，小区域气候独特，素有"左贡小江南"之称，自古以来就是茶马古道上的重要通道。东坝人文景观丰富多彩，民俗风情奇特，东坝民居魅力无限，吸引了不少国内外探险家及专家学者前来探秘寻幽。东坝军拥村是茶马古道的必经之地，悠久的历史，几百年的文化积淀，孕育了勤劳智慧的东坝人民，东坝民居也因其自身的特点闻名遐迩。

（二）选址特征

军拥村位于怒江峡谷底部，地势平坦，该地冬暖夏凉，气候宜人，高山泉水汇流而下，水资源丰富，盛产葡萄、石榴、苹果、核桃等。军拥村是怒江峡谷茶马古道众多支线上的重要驿站，藏族集中居住区和川滇边地出产的骡马、毛皮、药材等和川滇及内地出产的茶叶、布匹、盐和日用器皿等，被客商担抬驮运到横断山区的高山深谷间进行贸易，商客南来北往，川流不息，军拥村是马帮宿营和滞留的最佳场所。以前村里有五六家大的马帮，每家马帮都有100多匹骡马，往来于川滇和昌都从事茶叶和药材等物资的长途贩运，茶马古道促进了该地商业的发展，使其一度繁荣。①

（三）文化景观

军拥村最有名的就是东坝民居，东坝民居以体量大、造价高、雕刻绘画多、装饰繁杂、建造周期长出名。走进军拥村，首先让人感受到的是东坝民居的宏伟。建筑面积逾1000平方米，为方形庭院式建筑，阳光从中庭照进院内，四周约1.8米宽的墙体和直径0.6米左右的柱子让人感到非常结实。东坝民居既具有四合院的风格，又独具特色。

东坝民居是集寺院建筑、汉式建筑、藏族传统建筑于一体的建筑，雕刻技艺匠心独具。东坝民居的雕刻活灵活现，点多面广，费时费力，是东坝民居最具魅力之处，完成东坝民居的雕刻大约需要10名工匠一年的时间。东坝民居是艺人几百年文化技艺的积淀。东坝民居雕刻形象逼真，巧夺天工，只有身临其境才能感受到其无穷的魅力。

---

① 汪永平，沈飞，王璇. 昌都民居的地域特色与装饰艺术风格——以贡觉县三岩民居和左贡东坝民居为例[J]. 中国藏学，2010（3）：65.

图 2-17
东坝民居院落
（图片来源：肖卫东 摄）

三、山南琼结县唐布齐村

（一）基本情况

唐布齐村位于琼结县下水乡，位于泽琼公路（560国道）沿线，海拔约3670米。唐布齐村地处河谷地带，中部主要是耕地和田园，西部和东部均为山体。全村共3个村民小组，其中唐布齐组和奔堆组位于东部，民居依山而建，相达组位于西南部。全村属高原山地气候，常年低温，日照时间长，昼夜温差大。

（二）选址特征

唐布齐村位于宽阔的琼果河谷，环境较为宜居，村落选址遵循了因地制宜的法则。村民依山就势，将村落布置在山脚下。建筑既能获得较为充足的阳光，也能在冬季免受寒风的侵袭。村落整体面向西南方向，西面为大片农田，适宜居住和生产，充分体现了藏族人民选址建村的匠心和认识自然、利用自然的智慧。

（三）文化景观

1."白面藏戏"的发源地

14世纪，噶举派著名僧人唐东杰布为修桥募集资金，在唐布齐村挑选了七位貌美如花的姐妹，编排了西藏第一部藏戏《卡卓琼结扎西宾顿》，由此产生了"白面藏戏"。2006年，"山南琼结卡卓扎西宾顿"入选第一批国家级非物质文化遗产代表性项目名录。

2.唐布齐寺和阿底峡尊者白塔

唐布齐寺创建于西藏后弘期的火蛇年，即1017年。历史上，唐布齐寺涌现了诸多佛学造诣颇深的高僧。唐布齐寺历史悠久，殿内壁画保存较好，2006年被西藏自治区人民政府确定为自治区级文物保护单位。

图2-18
白面藏戏

图 2-19 唐布齐寺

(图片来源：西藏自治区设计院供图)

1000多年前，阿底峡尊者入藏弘扬佛法，路经唐布齐村，在此处休息并传授佛法长达8个月。在此期间，阿底峡尊者为了感恩该村的一位老奶奶对自己的馈赠而修建了一座白塔。白塔至今保存完整，并且有越来越多的人前来朝拜。

3. 巴吾桑旦林寺

巴吾桑旦林寺始建于19世纪中叶，属于格鲁派尼姑院。寺院总占地面积1397平方米，主殿建筑面积473平方米，为县级文化保护单位。

图 2-20
巴吾桑旦林寺
（图片来源：西藏自治区设计院供图）

四、日喀则吉隆县汝村

（一）基本情况

汝村全称汝帕玛村，位于吉隆县贡当乡西南部，与尼泊尔一山之隔，边境线长约 60 千米。汝村面积 321 平方千米，平均海拔 4100 米。汝村地处高山峡谷地带，平地极少，耕地呈阶梯状。汝村属高原山地气候，常年低温，日照时间短，昼夜温差大。

（二）选址特征

1. "依山就势，融合自然"的村落选址

汝村选址遵循了"因地制宜"的法则，体现了"依山就势，融合自然"的理念与山、水、田、村和谐相处的理念。村落整体面向西南方向，依山就势，形成了良好的小气候。两河交汇，三山拱卫，

有水用之足,无风肆之患,适宜生产和居住。

2. "小聚集、大分散"的村落布局

村内民居一般建造在水源附近,便于生活、生产用水。同时,村内建筑群组往往依托于水系、林地、耕地进行建造,依托自然而形成田园式生态小环境,同时也便于开展公共活动。从安全布局的角度来看,虽然位于高山峡谷间的民居建筑在建造时通常选择建在临近水系、耕地的缓坡上,但也会与水系保持一定的距离。因为水系附近的土质较为松软,不宜建房。从格局上讲,建筑群组避开周边山体冲沟,避免了雨洪侵袭,保证了建筑的地基牢固。峡谷地带地形狭长,形成了"小聚集、大分散"的村落布局。

(三) 文化景观

1. 达嘎寺

12世纪,噶举派四大教派之一蔡巴噶举派创始人蔡巴的再传弟子达嘎囊贡热巴先后前往冈底斯神山和6处米拉日巴修行圣地闭关修行,最后在此建立了达嘎寺(位于汝村以东约7千米处),并以达嘎寺为根本道场,传法收徒。此后近900年来,达嘎寺成为当地极有影响力的蔡巴噶举派寺院。该寺历代高僧大德为了弘扬佛法和积德行善,雇人抄写了多套诸如《大般若十万颂》等佛教典籍。汝村玛尼拉康保存有200多部古代佛经写本,主要有在不同历史时期抄写的《大般若十万颂》《大般若两万五千颂》等佛经典籍,具有很高的佛学历史文献价值、语言文字价值、绘画艺术价值等。这些佛经典籍独具的一些特点,在西藏其他地区很难发现。

2. 玛尼石刻

距离汝村以东约 2 千米处，有一处"崩塘"玛尼石刻，意为"亿计的经文"。据当地人说，此地大规模的玛尼及佛塔主要是为了镇压妖魔和辟邪。此处有由 1000 多个大小不同的玛尼石刻组成的庞大的玛尼石堆。进入村落后，除了多处较为集中的玛尼石堆外，汝村的田间地头、路边渠畔，甚至狭小的房屋前后，都有刻有佛教经咒的石板。另外，著名佛学大师珀东·乔来朗杰曾在此地修行传法，留下了许多圣迹。

第六节
西藏自治区传统村落的保护与发展

一、保护与发展的现状

（一）传统村落之间发展不均衡

西藏自治区自然条件复杂多样，传统村落分布广泛，村落间不同的区位条件和知名度决定了村落遇到的保护与发展问题各不相同。以昌都军拥村为例，随着交通条件的改善以及社会变迁，以前的茶马古道已经废弃，马帮数量也急剧缩减。但随着军拥村知名度的扩散，现在越来越多的进藏游客开始进入这些以前无人问津的偏远村落深度体验。但由于军拥村离 318 国道有半个多小时的车程，来去匆匆的进藏游客选择进入此地的数量并不太多，一年进入该村旅游的游客数量约在 1000 人以内。游客的到来并没有使村落有太多的改变，军拥村一直保持着自身的原生态。虽然也有投资商来洽谈开发事宜，但是由于旅游资源欠缺，开发成本过高，打造知名度困难，游客数量太少等原因，暂时无开发计划。

（二）村民对传统村落的保护意识淡薄

当地村民缺乏主动保护意识，个别村民为了满足自身的需求把原来的房屋进行翻新，这种举动逐渐影响了整个村落，人们把祖辈留下来的传统建筑焕然一新，使得村落原有的面貌改变了，也失去了它的文化价值。比如日喀则桑珠孜区前几年开始征收土地，国家给了老百姓补贴，很多人有了钱第一件事就是装修房子，而且修成和城市里一样的水泥混合式风格，现在在桑珠孜区几乎看不到传统建筑。

（三）新农村建设举措破坏传统村落的原有风貌

"美丽乡村"式的村落在西藏自治区处处可见，这种模式更注重表面和形象工程，对交通便利的传统村落进行标准统一的整治，使这些传统村落变得"千村一貌""百户一色"，使许多有特色的传统村落风貌消失殆尽。[1]

---

[1] 张兴艳. 乡村振兴背景下村庄规划与传统村落保护及利用研究 [J]. 安徽农学通报, 2018 (24): 13.

二、保护与发展的实践

（一）政策的引导

2012年，我国出台了传统村落保护与发展政策，住建部、文化部、财政部于2012年12月联合公布了第一批被列入中国传统村落名录的村落名单。到2019年第五批名单公布，西藏自治区五批次共有31个藏族村落入选中国传统村落名录。西藏自治区入选的传统村落具有鲜明的传统特色和地方代表性，反映出特定的历史文化背景，且村落整体保存良好，拥有较丰富的非物质文化遗产资源。这些村落的入选不仅体现国家政策的扶持保护，同时也体现地方政府的大力推动。

（二）旅游业的推动

2017年，指导"三农"工作的"中央一号"文件明确指出，要大力发展乡村休闲旅游业，支持传统村落保护。"传统村落是历史文化遗存的特有形式之一，是承载着历史变迁的建筑文化遗产，更是当地经济发展的象征和民俗文化的集中代表。"乡村旅游是一种把传统村落视为乡村旅游目的地的旅游方式，让人们远离都市生活，感受历史文化，回归自然。目前西藏自治区传统村落乡村旅游正处于发展阶段，在政府引导下实现对传统村落资源的综合利用，并与农、林、牧等资源相结合，打造有鲜明特色的传统村落乡村旅游产品。同时，乡村旅游的发展为传统文化的弘扬提供了较为广泛的平台。一方面，游客在吃、住、行、游、购、娱等一系列的旅游消费中，了解当地传统文化，并有可能向外界宣传当地的传统文化。另一方面，游客对传统文化的正面态度大大增强了当地村民的自信心和自豪感，旅游业带来的经济效益也使他们意识到当地传统文化的巨大价值。于是，他们以新的眼光重新打量自己所熟知的文化，并以更大的热情参与保护和复兴传统文化的种种活动之中。

三、活化路径探析

（一）差异化发展

实施"一村一品"，推动传统村落差异化活化升级。为避免"千村一面"，西藏自治区通过挖掘文化内涵，提炼文化符号等方式，统筹构建目前所选出国家级传统村落的活化思路与发展品牌，以此实现传统村落的差异化、特色化发展。

（二）营建内生发展机制

内生发展机制是指传统村落是以自身资源、文化和产业为基础，在村落经济、文化、社会环境的内层机制驱动下，不断创造市场价值，进而反哺自身发展的模式。其本质在于构建新的经济生产关系，重塑村落空间生产机制，使村落拥有持续造血能力。村民是发展机制的能动主体，应激发村民参与传统村落活化和旅游开发的主动性和创造性。

（三）延续肌理，重塑格局

首先，保留传统村落的原貌对村落的价值至关重要，对于有价值的传统建筑要做到原样原址保护，保持原有建筑风格和与自然相协调的乡村风貌，确保历史原貌，修旧如旧，维修和保护务必统一其历史风格。其次，对具有历史典故的名人故里和一些有历史与文化价值的单体建筑、建筑群甚至整个村落都应采取类似文物保护的办法，进行修缮加固和保护。最后，对传统的建造方式和建造技艺进行挖掘和发扬。对新建造的建筑，采取原样新建，按照该区域传统村落的原始建筑模式，采用相同的传统样式、传统材料、传统技术进行新建。①

---

① 黄杰，李晓东，谢霞.少数民族传统村落活化与旅游开发的互动性研究[J].广西民族研究，2018（5）：126.

第三章

藏蒙传统村落之青海藏族集中居住区

中国传统村落文化抢救与研究

文化区系列

Chinese Traditional Villages

青海省是中华民族的重要发祥地之一，不同民族在相互交往交流交融的过程中，创造出丰富灿烂的文化，为中华文化的丰富、发展做出了十分重要的贡献，今天留存在青海大地上的传统村落即是历史的见证。

传统村落是农业文明的见证和乡村社会的载体，也是乡土文化的富集地，具有丰富的物质和非物质文化遗产。截至 2019 年年底，青海省被列入中国传统村落名录的藏族传统村落数量已达到 73 个。青海省藏族传统村落是在长期的农耕文明和游牧文明传承过程中逐步形成的，是藏族文化传承的重要载体，同时对推进农业现代化发展和生态文明建设等具有重要价值。

近年来，青海藏族集中居住区传统村落随着现代化的发展也发生了巨大的变化，村落"空心化"和城镇化、现代化民居逐步取代传统民居、老建筑年久失修、传统村落原貌消失等问题日益突出。因此，挖掘藏族传统村落的文化内涵，进而保护和合理利用，对于传承民族文化、促进传统村落可持续发展具有重要的意义。

第一节
青海藏族集中居住区传统村落的风貌成因

一、自然因素

传统村落的地理环境主要是指地形地貌、气候特征、自然资源和能源等，这些是村落形成的物质基础，是有别于其他地区传统村落地域特色的根源所在。青海省地势西高东低、南北高中间低，地貌类型复杂多样，既有高山、高原，也有盆地，更有流水切割强烈的河谷。青海藏族集中居住区大都在海拔3000—6000米的高寒地区，属于典型的高原大陆性气候，具有干燥、少雨、多风、寒冷、日照时间长等特点，气温随海拔的增高而降低。海拔高度直接影响着农牧民的生产和生活。一部分藏族居住在河湟谷地。河湟地区是青海典型的农业区，气候较为温暖。河湟地区地貌十分丰富，当地民居依据地形或疏或密，形成了集居型和散居型的聚落。地貌对民居单体的形态影响比较大，由于山地较多，单体建筑大多依山就势、顺应地形，形成了丰富的村落空间。其余大部分藏族主要居住在祁连山区和青南高原区，海拔较高，年平均气温低，气候较为寒冷。因此，居住形式因地而宜，各不相同。

在影响和决定民居建筑风格的自然因素中，气候是一个最基本、最具普遍意义的因素，决定了建筑形态的布局和核心。从青海省气温变化特点来看，当地民居具有适应气候的特点，主要体现在规整形态、宽厚墙体、内聚向阳、住屋类型等方面。[①] 村落的形成受自然环境和局部小气候的影响，多接近水源地，背山面水、背北向南，多建在南向的缓坡处或沿河谷的平台谷底，同时考虑能否防范和抵御自然灾害，如洪水、干旱、大风、泥石流、雪灾等。此外，还考虑安全性和防御性。青海藏族集中居住区传统村落多选址在河流转弯处或交汇处的台地和山体的缓坡处，寺院为整个村落的中心。因此，传统村落的形成是适应当地自然环境的产物。村落布局与当

---

① 马立群，岳巍，宋雪梅.青海民居气候适应性在绿色建筑中的应用[J].建筑技术开发，2018（10）：111.

地自然山水和谐一体，村落的选址注重自然条件，尤其注重民居的方位、朝向等。民居建筑又因地制宜，有效利用当地的资源和能源，有利于人们的日常生活和生产，同时又有保暖御寒、安全防御的功能，体现了人与自然的和谐。人们秉持中国古代"天人合一"的哲学理念，尊重自然、敬畏自然，巧妙利用自然条件，使村落与沃土良田、山形水势有机融合，形成山、水、田园、阡陌、村落和谐共存的生态人文环境大格局，从而构成村落空间系统的基础。

青藏高原特殊的自然环境对居住在这里的人们产生了重要影响。其中，寒冷多风、多震是房屋修建的不利因素，而有利因素是阳光充足、气候干燥。因此在修建居所时应注意保暖防寒和避风。民居建筑多以土木结构为主，就地取材，用厚的夯土墙和土坯墙做围护，木材做承重，既达到保暖的效果，又节约燃料，有很好的抗震效果。民居多建在向阳背风的地方，做天井、天窗等，有利于通风和采光。

图 3-1
典型藏式民居

二、文化因素

藏传佛教对藏族的影响极大，体现在社会生活的方方面面。藏传佛教对村落建筑也有重要影响，尤其体现在建筑的规格和形制、绘画以及雕刻上。青海藏族集中居住区传统村落的选址多选在山区，民居建于山坳之间的向阳坡面，这些山坳多为河谷形成的U形山坳，避风、向阳、临水，同时可满足半农半牧的生产生活的需要。村落坐落于山川之中，建筑随地形和自然景观之利，巧铺精设，使其村落和自然环境融为一体，有的群山环抱，村中有河水穿过；有的背山面水。民居建筑形式及结构，因地制宜，满足居民生活的需要。[①]

河湟谷地先民在对村落进行选址与布局时，尊重自然环境，顺应自然，减少生态破坏，以创造满足生活需求且与自然条件和谐共存为原则。选址时所依据的风水学理念是"依山傍水""藏风聚气"。"依山傍水"的原则是对水源的需求及山体对日照的遮挡。而"藏风聚气"即要有迂回的山岭盘绕，层层拱卫，要求周围的山川形势环抱紧凑，挡住劲风，使气不散失，谓之"藏风"。藏风的目的是聚气。只有藏住风，才可以聚气，而风水所研究的也就是气，气代表人气、财气。青海河湟谷地地形主要由河谷与山体两大部分组成，因此村落的选址多为山间的河谷地区，而这便形成了所谓"藏风"的选址特征，山体围绕村落，聚集生气。"北山高、南山低"的村落选址策略正印证了山体环绕，北方主山高、南方主山低的理念。[②]

村落布局以寺院为核心。大多数传统村落中都建有寺院，寺

[①] 梁琦．试论宗教文化、地理环境对青海少数民族民居和村落的影响[D]．天津：天津大学，2002．
[②] 李旻泽．青海河湟谷地传统民居地域性研究[D]．西安：长安大学，2016．

院作为整个村落的宗教中心，是村民的精神寄托，也有公共服务和商业服务的功能。村落中有白塔、玛尼堆、风马旗等标志物，村口的玛尼堆和风马旗是为了明确聚落的边界，而在村中心一般会以玛尼堆为中心形成公共活动空间。民居中都布置专门供奉神佛的经堂，其屋顶多挂置经幡、法轮、经幢、宝伞等，大门门楣上镶嵌"十相自在图"，外墙绘制"拥忠"图案等。煨桑烧香是当地居民日常生活的重要组成部分，在庭院中会留出一定的位置来做煨桑祭祀的空间。

三、社会因素

村落作为人们日常生活的基本环境，是村民为了满足自身的生活习俗、宗教信仰和生产方式的需要，在充分考虑自然环境和自身经济条件的基础上，因地制宜构筑起来的。村落的形成和发展深受当地社会环境的影响和制约。

自新石器时期以来，青海出现以农、牧业为主的氏族部落。随着社会生产的发展，先民们建造简单的半穴式住屋，逐步形成村庄。据史料记载，在尧舜时代，羌人的祖先已在青海生活，以游牧为主，逐水草而居，栖身在天然洞穴、树巢里。到了新石器时期晚期，先民们在河谷地带以简易的土坯和木架搭建房屋。青海省境内多处发现的"仰韶文化"遗址表明，距今 6000 年左右的原始社会后期，在青海大地上开始出现聚居点，成为早期村落的雏形。[①] 约在夏商周

---

① 青海省志编纂委员会.青海省志·城乡建设志[M].西宁：青海人民出版社，2001.

图 3-2
庭院煨桑台

时期，羌人中的杰出人物无弋爰剑逃亡到河湟流域，给当地羌人传授农业生产技术，部分羌人在适合耕种的东部地区定居，与华夏诸族有了密切联系。① 自汉武帝时起，汉文化开始传入青海河湟地区。大批汉人通过从军、军屯、任官、移民等多种途径，从内地进入或长住在青海地区，青海羌人等也通过各种途径进入或长住在汉族地区，各民族交错杂居的局面开始出现，各族人民的联系交往日益密切。② 唐朝时期，松赞干布统一青藏高原诸部，吐蕃人开始长住青海从事农牧业生产。伴随明朝屯田制度，全国各地不少汉人因调拨、充军等而进入青海河湟地区，从事屯田和戍守。明清时期，河湟地区以农业为主，兼营畜牧业。部分居住帐房的少数民族受汉族影响，逐渐改变生产方式，开始向定居转变，修筑房屋居住。③

---

① 青海百科全书编纂委员会. 青海百科全书[M]. 北京：中国大百科全书出版社，1998.
② 王昱. 青海历史文化及旅游开发[M]. 西宁：青海人民出版社，2008.
③ 高小强. 甘青传统民居地理研究[D]. 西安：陕西师范大学，2017.

青海藏族集中居住区居民主要以畜牧业和农业为主，尤其是畜牧业经济在整个经济生活中占支配地位。畜牧业是青海藏族集中居住区居民赖以生存的主要经济形态，在经济结构中居于主体地位。青海省地处青藏高原，除河湟谷地和长江、澜沧江上游各支流的河谷地带适宜农耕外，大部分地区高寒少雨，仅适宜牧业发展，其中日月山以西地区河流交错、高原广袤，是优良的天然牧场。牧业区的牧民主要以游牧生产为主，农耕区的人们主要以农业生产为主，还有部分生活在农耕区和牧业区的过渡地带，他们的生产方式是游牧和农业兼有。价值观念、风俗习惯以及藏传佛教文化影响着青海藏族集中居住区人们的村落选址，他们注重宗教文化，营造出独特的村落整体景观和形象。与此同时，村落建筑有较强的防卫性，尤其是碉楼和碉房，墙高窗小，安全性高。

第二节
青海藏族集中居住区传统村落的地理分布与类型

一、地理分布

藏族传统村落由于其丰富的青藏高原地域特色和民族特色，不仅富有深厚的物质文化，还保留着较为丰富的非物质文化。根据住建部等公布的中国传统村落名录，青海省五批次入选的藏族传统村落共计73个，主要分布在黄南藏族自治州、海东市、玉树藏族自治州及果洛藏族自治州等 14 个州县内，整体分布相对比较分散，局部相对比较集中，黄南藏族自治州、海东市以及玉树藏族自治州分布相对较多。

二、村落类型

青海藏族集中居住区传统村落由于受青藏高原独特的自然环境、经济发展水平以及文化等因素的影响，形成了不同的发展类型。农业区、牧业区、农牧交错区的村落呈现出不同的特点。因此，按自然环境、发展现状、特色文化等不同因素，将藏族传统村落划分为以下三种类型：

（一）传统景观型

此类村落文化保存完整，村中有较多的传统民居，保存相对完整，具有较高的历史价值和文化价值。如位于玉树藏族自治州囊谦县娘拉乡境内的多伦多村，村内俄宙久曲河自北向南流淌。多伦多村共设 6 个社，分别是多伦多社、色秀社、玉树社、查哈社、吾麦社和东代社。多伦多社西边是雄伟的波哇永措山。现在多伦多村还有林巴曲嘉灵塔遗址和玛永民居遗址。多伦多村盐矿资源丰富，当地居民有制作食盐的传统工艺。多伦多盐场位于多伦多村查哈社，如今盐场依然保留着传统的手工技艺。

（二）产业发展型

　　这一类村落因传统技艺的发展，再加上近年来经济发展的推动和政策的扶持，逐渐走上产业化发展的道路。吾屯上庄村、下庄村位于青海省同仁县县城以北7千米处，素有热贡艺术"唐卡村"之称，村中近95%的农户从事热贡艺术品的加工制作，热贡艺术品销售收入已成为村民的主要经济来源。近年来，政府的支持和引导使热贡文化产业化发展更加规范。该村的热贡艺术产业已形成一定规模，在推动民族文化产业发展、增加农牧民收入方面起到了积极作用。

（三）民俗文化型

　　此类传统村落以深厚的文化禀赋为积淀，尽管受现代化的影响，但依然保留着传统的民风民俗，传统文化丰富而独特。年都乎村位于青海省同仁县，被列入第一批中国传统村落名录，是安多地区保存完好的古村落之一。这里至今流传着充满神秘色彩的藏乡民间祭神活动——六月会。每年农历六月，庄稼即将成熟时，热贡地区所有村庄开始祈祷丰收，举行一系列祭祀活动，称"六月会"，十几个村庄会在不同时间举行"六月会"活动，祈求丰收、祭拜神灵。此外，每年农历十一月二十前后，是年都乎村举行"於菟"活动的日子。"於菟"是年都乎村土族人民的传统节日，也是一种十分古老的祭祀活动，距今已有数百年的历史。

第三节
青海藏族集中居住区传统村落的物质文化景观

一、村落的室外空间类型及其特征

村落空间布局、民居院落、寺院道观、河道水系和自然景观是构成传统村落的基本要素，这些要素之间存在着密切的内在联系，构成一个关联度极强的有机整体。青海藏族集中居住区传统村落以寺院为中心，民居分散在寺院的周围，错落有致，但也有部分村落出于防御的需要，建在山顶之上或在山坳里形成城堡式的布局。还有一部分村落跟青海大部分汉族村庄一样，布局规整，无显著的民族特点。传统村落整体布局因山就势，合理利用当地的水源和自然资源，注重与环境的和谐统一。在牧区，为划分草场，民居较为分散；而在土地资源有限的地区，整个村落布局较为紧凑。尤其是在山地，形成高低不一、错落有致的村落景观。民居是村落形成的最基本单元，也是村落最为典型的景观，体现了极大的自然环境适应性。院落合理利用土地，形成单个独立的生活空间，是村落最基本的构成要素。村落内部一般有一条较为宽阔的主要道路，其他均为巷道。而这面积不一、形制各异的院落单元，加上村落中形成的道路，构成村落的基本景观。整个传统村落的空间结构有序展开，有主有次，脉络清晰。

青海藏族集中居住区传统村落的民居建筑有石木结构、土木结构和砖混结构等。石木结构民居较为坚固，使用时间较长；土木结构民居是最常见的一种,在临近森林的地区较为盛行;砖混结构民居是近年来较为普遍的,利用钢筋混凝土修建,房屋较为现代,在房屋装饰上又有藏族文化元素。民居建造中,体现了多元文化融合的特点,在民居屋顶、拱等方面既吸收中原的建筑艺术,又保留了本民族建筑特色。藏族的节日活动、日常起居习俗对建筑的影响也很大,主要表现在屋顶晒台的设计、室外庭院的利用等。藏族民居室内讲究华丽和亮堂,在横梁、柱头和大门等上都用彩绘,题材主要有花卉和吉祥图案。

图 3-3
民居屋檐木雕

图 3-4
木雕彩绘

二、村落里的建筑景观

（一）民居建筑景观

1. 帐房

藏族民居的形式和结构因不同地域的地理环境、气候条件和生产方式而表现出较大的差异。在牧区生活的藏族，住房主要以帐房为主，有马脊式、平顶式、尖顶式。在材质的使用上，既有用牛毛织成的黑帐房，也有用毡做的毡房。帐房中间用一根长木梁做支撑，两头支上八根短而硬的木杆，四周再架几根小柱，然后将牛毛帐搭在上面，周围用木桩钉在地上即可。这种帐房雨水不渗，风雪不侵，冬暖夏凉，宜于搬迁。帐房具有结构简单、支架容易、拆装灵活、易于搬迁等特点。逐水草而居的游牧生产方式，决定了牧民的频繁迁徙，帐房这种易搭易拆、方便实用的居住形式便成为人们在长期生产生活实践中的最佳选择。

2. 庄廓

庄廓是青海藏族集中居住区最具代表性的民居建筑形式之一，主要分布在青海东部地区的黄河两岸。黄土是建造庄廓的主要材料。在建造庄廓时，通常是先打院墙后盖房。先用黄土打筑或用土坯砌筑成高大厚重的院墙，墙身底部厚，向上渐薄。围合的院墙具有防寒、防风、防尘、防盗的功能。主要建筑用材为黄土和木材，结构为梁柱承重。院内设花园、煨桑炉、嘛呢旗杆等物。庄廓民居以户为建筑单元，一户一庄廓，若干个庄廓围墙相互共用或紧靠而形成庄廓群。最终由若干个庄廓群和一些公用设施通过道路相连，构成村落。

在山区的藏族村落，庄廓靠山修筑于山脚向阳的缓坡上，利于避风，也利于排水。庄廓平面布局以四合院形制为多，其中正房为核心部分，也是庄廓内的主体建筑，坐北朝南。正房的正立面是在檐下做成檐廊的形式，形成一个半开敞的、遮风挡雨的家庭活动空间。在农业区和半农半牧区的藏族村落，庄廓内的房屋平面布局呈"一"字形或"凹"字形。在庄廓内的主要位置上建有佛堂，或在主体建筑内设佛室，供奉佛像等，其民居建筑按人们的生活习俗和宗教需要布局建造。以农业为主的藏族同其他民族一样，一般以自然村为单位聚居在一起，住居同汉族的庄廓相同，只是内部装饰、摆设略有不同。如房顶上、墙头上或院内挂印有嘛呢经的白、蓝布小旗，在庄廓庭院内开辟一点地方种植花草和树木成为一种普遍的现象。

3. 碉房和碉楼

在玉树州通天河谷有一种称为碉房的房屋。碉房多为石木结构，外形端庄稳固。碉房一般分两层，以柱计算房间数。底层为牧畜圈和贮藏室。二层为居住层，大间为堂屋、卧室、厨房，小间为储藏室或楼梯间。因外观很像碉堡，故称为碉房。房屋的椽檐、窗户及大门，施以重彩，颜色鲜艳。碉房大都依山就势而建，高低错落，远望犹如层层堡垒。藏族民居的墙体下厚上薄，外形下大上小，一般多方形平面，也有曲尺形平面。因青藏高原山势起伏，建筑占地过大将会增加施工上的困难。碉房具有坚实稳固、结构严密、楼角整齐的特点，既利于防风避寒，又便于御敌防盗。人们用开辟风门，设置天井、天窗等方法，较好地解决了气候、地理等不利的自然因素对生产、生活的影响，达到通风、保暖的效果。

在果洛州班玛县一带，最具特色的建筑是班玛县灯塔乡班前村的碉楼。班前村是中国历史文化名村，班前村的藏式碉楼是中国保存最好的藏式碉楼之一。在班前村，还有一座保存完整的距今800多年的藏式碉楼。它分为石碉、木碉、混合碉三种，其中石碉最有特色。外墙全用石片砌成，按照类似榫卯的结构，横竖交错，使墙体受力均匀，不易裂缝、倾斜。

（二）宗教建筑景观

1. 玛尼康

玛尼康是藏族传统村落极为重要的文化元素之一，为村民念诵嘛呢经或者转经轮的场所。主要包括佛堂、护法神殿、修行间、储藏室、厨房和煨桑炉，还有高高竖立的嘛呢杆，嘛呢杆上系着多样的经幡，这也是玛尼康最明显的标志。玛尼康由全体村民集资修建。正中间是佛堂，是平时供村民诵经和进行宗教活动的场所。护法神殿用于供奉该村落集体的护法神。煨桑炉或煨桑台是供集体进行煨桑的地方，用松枝、酒、糌粑、鲜奶等物煨桑。玛尼康定期的宗教活动和人们不定期的朝拜均融入村民生活的方方面面，突显当地的人文现状，构成了一个以藏族为主体的村落在信仰上的导向。①

2. 本康

藏族人修建本康是一种祈福的宗教现象。修建本康，一般选在凝聚山川灵气的风水宝地，由喇嘛卜卦后，方可修建。本康集建筑、

---

① 看吉卓玛. 玛尼康在安多贵德地区藏族村落的社会功能[J]. 青藏高原论坛，2015（1）：33.

雕塑、绘画于一体。藏族本康的种类有度母本康、马头明王本康、长寿三尊本康、小神塔本康、莲花生本康、村民本康、部落本康、家中小本康等，不同的本康有不同的作用，修本康的目的在于祈福禳灾、护佑地方。

3. 藏式佛塔

在藏族村寨，随处可见不同材质的佛塔，佛塔成为藏族传统村落的地标性景观。藏式佛塔可以盛放圣贤的舍利，还可以放置高僧的舍利以及经书等。白塔是根据尼泊尔带来的佛塔样式建造的，它的蓝本是古代印度比较原始的覆钵式佛塔。由于它的表面一般都涂抹着白灰，颜色洁白，故又称白塔。

图 3-5
村中的本康

4. 玛尼堆

在传统藏族村落的山间、路口、湖边，几乎都可以看到一座座以石块和石板垒成的祭坛——玛尼堆。在这些石块和石板上，大都刻有"六字真言"、慧眼、神像等。玛尼堆是指用刻有藏文经文、"六字真言"或动物图纹、神灵图像等的石板或石头垒起来的石堆。这在藏族集中居住区随处可见。各种各样的玛尼石聚集起来，就成了玛尼堆和玛尼石经墙。遍布村口道旁的玛尼堆是藏族山石崇拜的表现。每逢宗教节日转经时或转山时，人们必定来到玛尼堆前，在其上面或旁边点燃艾蒿或松柏枝，人们虔诚地向其撒糌粑、小麦粒、青稞酒，边撒边祈祷，进行煨桑祭祀。

5. 拉则

对自然山水的崇拜是藏族集中居住区文化的重要组成部分。藏族人认为那些对部族有功勋的先祖之灵寄住在山水树木中并保护子孙后代，供奉这些神灵修筑的城堡或宫殿称为拉则。拉则是藏族集中居住区山口、山坡、主峰、边界等处用石、土石所堆砌的石堆，其上插有长竹竿、长箭等，还拴有经幡。它主要是将"箭"作为供品来献祭山神，以求得到山神保护。"拉则"系藏语音译，藏传佛教传入内蒙古地区后，蒙古文将"拉则"译为"鄂博"，并广为流传。藏族的拉则插箭献祭由地下和地上两部分组成，地下部分主要埋藏一些宝物，包括在所挂的坑中央竖一截木桩，称为"命木"，上缚白羊毛绳。在命木的周围放置装有粮食、金银、珠宝之类的宝瓶，以及兵器等物。地上部分垒有石头，再插上柏木、桦木、竹子及木制的刀箭，上系白羊毛、哈达、经幡等。

6. 经幡

藏语称经幡为"隆达",是一种用棉布、麻纱、丝绸等材料制成的长方形彩旗,共有蓝、白、红、绿、黄五种颜色,分别象征天空、祥云、火焰、江河、大地。藏传佛教又为其赋予五色、五方佛及五种智慧之含义。据传,经幡缘于藏族先民崇信自然的祭祀山神仪式。经幡上多印有经文咒语、佛像、神灵等图案。悬挂经幡是千百年来流传于藏族集中居住区的一种宗教习俗,有自身修行、利益众生的功德。

第四节
青海藏族集中居住区传统村落的非物质文化景观

一、宗教文化景观

宗教信仰

藏族的信仰大致可分为三类:第一类是以原始信仰为基础发展而来的本教,第二类是 7 世纪佛教传入藏族集中居住区后逐渐发展形成的藏传佛教,第三类是广泛地存在于农牧区的民间信仰。

本教是西藏自治区的一种原始宗教。"本"是"念诵"的意思。本教最初流行于阿里一带,后传到西藏、青海各地。

佛教最早传入青海藏族集中居住区约在 7 世纪中叶。唐天宝年间，吐蕃势力东渐，夺取唐河西、陇右地区。随着吐蕃势力的扩张，藏传佛教也发展起来了。9世纪中叶，西藏吐蕃朗达玛赞普兴本灭佛，西藏僧人到青海避难修行，在这里传播佛教。

藏族的民间信仰十分丰富，有众多的年神和山神、龙神、赞神，还有家神、灶神和诸多的禁忌。动物崇拜在藏族集中居住区也很多，比如牦牛、虎、羊、雄狮等，藏族人以狮来象征部落、民族的强悍。

二、民俗文化景观

（一）传统服饰

藏族服饰具有鲜明的地域特色和民族风格。藏族服饰习俗的形成同藏族群众居住的青藏高原的自然环境及气候条件、生产生活方式有着密不可分的关系，蕴含着藏族群众的审美意识和审美情趣。藏族服饰深受自然环境、劳动生产和文化交流的影响。从地域看，藏族服饰分为农区和牧区两种类型。藏族服饰呈现肥腰、长袖、大襟、束腰及以毛皮制衣的特征。藏族服装以藏袍最为常见。城镇居民喜欢用高级毛料制作藏袍，农区用氆氇，牧区用毛皮。藏族女子用珠宝、金银、象牙、玉器作首饰。牧区的女子会梳很多的小辫子披在背部，有的辫梢互相交织成辫网，有的在辫子上加挂10厘米宽的缀有玛瑙、珠宝、玉器的饰带。藏族服饰多姿多彩，其特点突出地表现在色彩的搭配和构图上。藏族服饰运用红与绿、白与黑、赤与蓝、黄与紫等对比强烈的颜色，配色大胆而精巧。

（二）特色饮食

藏族的饮食，牧区与农区稍有不同，但都喜欢吃青稞面、酥油茶和牛肉、羊肉、奶制品。绝大部分藏族以糌粑为主食。藏族最有特色的饮食方式是手抓。人们将牛羊宰杀之后，立即将大块带骨肉入锅，用猛火炖煮，开锅后即捞出食用。奶类及奶制品也是藏族日常生活中不可缺少的食品。酥油茶、奶茶、酸奶都是藏餐的特色美食。除此之外，还有血肠、肉肠、水油饼、肉米粥、藏式糕点。无论男女老幼，都把酥油茶当作必需的饮品。

（三）婚俗文化

藏族婚礼展示了浓郁的民族风情和地域文化特色。藏族婚礼是严格按约定俗成的程序举行的。婚礼的第一步要请僧人诵经祈祷，择定结婚吉日和送亲迎新的良辰。姑娘出嫁那天，在走出家门前接受父母所赐予的第一条哈达和第一声祝福。在送亲队伍中，新娘的舅舅扮演着最重要的角色，象征新娘一方的最高权威。另外还有一位品行高尚、颇有威望且能言善辩、幽默风趣的"尼宝"（婚使）随行。当新娘一行来到离新郎家一箭之遥时，恭候已久的男方亲属捧着哈达和美酒举行"琼洁"，即敬酒献哈达的仪式。婚礼期间，新郎新娘互赠信物、接受长辈的祝福和哈达，并向长辈敬献哈达。婚宴结束后，举行"保丁"（婚示仪式），展示新娘的嫁妆。婚礼最后以歌舞庆贺祝吉，在"扎西德勒"的祝福声中圆满结束。

（四）丧葬文化

藏族的殡葬习俗主要包括天葬、火葬、塔葬、土葬、水葬。火葬，就是以火焚身，骨灰装入塔中，也可以筑土墩存放，这种葬礼仅用于活佛。塔葬是藏族规格很高的一种葬礼仪式，在宗教界流行，又被称为"灵塔葬"，仅用于达赖、班禅及少数大活佛。

（五）节庆活动

热贡六月会是藏族、土族特有的大型祭祀表演活动，流行于青海省黄南藏族自治州同仁县，每年农历六月十七至六月二十五之间举行，祭祀活动在一个名叫四合吉的藏族村庄拉开序幕，沿着隆务河两岸的四合吉、郭么日、年都乎、吾屯、浪加、瓜什则、保安下庄等 20 多个土族、藏族村寨依次接力。参加者是所有的男子和年轻未婚的少女，其他人只是观赏者。六月会的节目形式多种多样，气氛热烈而庄重。各村祭祀活动的天数也不尽相同，长则 5 天，短则 2 天。除同仁地区之外，青海尖扎、贵德、大通等地也会举办六月会。

三、文化艺术景观

（一）民间歌曲

由于所处地理环境的不同和方言的差异，藏族民歌分为安多民歌和康巴民歌。安多地区的藏族民歌题材多样，内容丰富，大致可分为勒、则柔、年谐、角勒、伊、西勒、格勒等。其中，勒是最普遍、最常见和流传最广的歌唱形式，一般以对唱为主，内容大多为赞美大自然、讴歌英雄事迹、祝福吉祥等，充分体现了自由豪放的草原民歌特点。康巴民歌主要在玉树流行，这里是歌舞的海洋，民歌主要有夏卓、群结、拉勒、拉伊等。拉伊是情歌，主要在山野中唱，不能在家中唱。

（二）民间舞蹈

藏族舞蹈从总体上可划分为民间自娱性舞蹈和宗教舞蹈两大类。这两大类舞蹈都有各自丰富的文化内涵、优美而潇洒的翩跹舞姿和独具特色的舞蹈风格及形式。卓是融舞蹈、音乐、诗词于一体的藏族民间歌舞，在藏族地区广为流传，由于地域、方言、生活、习俗等方面的差异，形成了不同的风格和流派。玉树的卓主要流传在玉树、囊谦和称多等地。玉树和称多的卓主要流传在通天河两岸，人们围成圈而舞。囊谦的卓则更具生活性和娱乐性，更轻松活泼。除此之外，还有宗教性浓厚的民间舞蹈——曲卓，融歌舞、曲艺、杂技于一体的热巴。在安多地区，则柔是一种古老的民间自娱性歌舞。在逢年过节、喜庆集会和迎亲送亲时，舞者身着节日盛装，即兴表演。在黄南同仁地区，六月会期间，还有拉什则、莫合则、勒什则等舞蹈形式。

（三）民间戏曲

藏戏是我国少数民族中历史悠久、流传甚广的戏曲剧种之一。西藏藏戏流传到青海，融入了安多地区的藏族音乐、舞蹈和说唱等艺术形式，主要流传在黄南、果洛、海南和海北等藏族集中居住区。主要演出剧目有《诺桑王传》《松赞干布》《智美更登》《文成公主》等。

（四）民间文学

《格萨尔王传》是藏族的英雄史诗，是迄今为止世界上最长的史诗，在藏族文学史上具有十分重要的地位，也是珍贵的文化遗产。这部史诗不仅流传于青海省玉树、果洛、海南、海北、海西等藏族集中居住区，还流传于西藏、甘肃、四川、云南等省区的藏族聚居地。史诗描写的是英雄格萨尔一生为民造福、除暴安良、能征善战、追求统一的丰功伟绩，史诗情节复杂曲折，场面宏大，塑造的人物个性鲜明。

（五）民间技艺

1. 热贡艺术

热贡艺术的种类较多，主要有彩绘、雕塑、堆绣等，其中以绘画、雕塑、堆绣为主。唐卡是一种独具特色的绘画形式，颜料通常取自金、银、珍珠、玛瑙、珊瑚、松石、孔雀石、朱砂等珍贵的矿物宝石和藏红花、大黄、蓝靛等植物，具有鲜明的艺术风格。唐卡工艺极为复杂，主要包括绘前仪式、制作画布、构图起稿、着色染色、勾线定型、铺金描银、开眼、缝裱开光等一整套工艺程序。壁画是热贡艺术中的又一重要分支，主要绘在寺院建筑内外墙壁以及经堂、佛殿、门廊等。壁画表现内容主要是佛像、佛本生故事、佛教传说故事、菩萨、金刚，还有历代佛教大师及本传、藏传佛教历史上的重大事件和重要人物等。堆绣是用各色棉布、绸、缎剪成所设计的各种图案形状，精心堆贴成一个完整的画面，然后用彩线绣制而成。其工序有图案设计、剪裁、堆贴、绣制、上色等，以堆贴为主，绣制为辅。堆绣题材主要有佛像、佛经和罗汉故事，也有神话传说中的"蟠桃会"和"八仙传说"画面。注重人物形态的塑造，讲究各色绸缎的选用配置，技艺精湛，巧夺天工。它采用浮雕与刺绣巧妙结合的手法，体现出较高的工艺美术价值和审美价值。目前唐卡、堆绣技艺主要在同仁县曲麻、夏卜浪、吾屯、年都乎、郭麻日、尕沙日等村较为盛行，尤其是吾屯上下庄，家家户户都有画匠。

2. 藏毯编制技艺

藏毯以羊毛为原料，植物染色，手工捻线，经艺人精心编织而成，对生活在高寒地区的人们防潮御寒、保温取暖有重要作用。加牙村是西宁市湟中县上新庄镇的一个村庄。加牙村的藏毯编织历史悠久，品质优良，技术独特，经久耐用，而且编织工艺极为普及。2006年，加牙藏族织毯技艺被列入第一批国家级非物质文化遗产代表性项目名录。

3. 藏族黑陶烧制

藏族黑陶烧制工艺已有上千年历史，经过备料、塑形、雕花、阴干、烧制等工序，形成通体漆黑、光洁细腻的独特陶艺制品。2008年，由四川省稻城县、云南省迪庆藏族自治州、青海省囊谦县共同申报的"藏族黑陶烧制技艺"被列入国家级非物质文化遗产保护名录。囊谦藏族黑陶历史悠久，其制造工艺已有4000多年历史。囊谦藏族黑陶主要流传于玉树州囊谦县吉曲乡山荣村。囊谦藏族黑陶至今仍保持着原始的手工制作工艺。原材料选用细腻的红黏土和黏土石，经手工捣碎成末，然后经过筛选、拉坯、晾晒、修整、压光、绘纹等环节，再采用独特的"封罐熏烟渗碳"方法，经10余天的烧制才能完成，成品具有"黑如炭、硬如瓷"的特点。

4. 藏式家具制作技艺

藏式家具在我国传统家具中独树一帜，有着鲜明的民族特色，在青海最为典型的就是湟中县陈家滩村的藏式家具制作。陈家滩村是远近闻名的木匠村。塔尔寺在对寺内的古建筑进行维护和修缮时，历来都从陈家滩村招募木匠，因此该村不少人都擅长木雕技艺和藏式家具、工艺品制作，由此逐渐形成了从事木雕和藏式家具制作的传统。在这个有2000余人的村子里，目前有300多名技艺娴熟的木工从事古建筑修缮和藏式家具制作，其中一部分人在寺院中承揽了国家维修古建筑工程项目，另一部分人则专门从事藏式风格家具的制作。传统藏式家具最具特色的是绚丽的彩绘。藏式家具一般多用核桃木、松木、林芝云杉和喜马拉雅红杉等软木制作，造型古朴华丽，尤其是金属装饰品使其具有豪华气派。装饰手法别具一格，丰富多彩，主要包括彩绘、珠宝（松石、珊瑚石、猫眼石等）镶嵌、铁尖钉封边、木群边及雕刻等。

第五节
青海藏族集中居住区传统村落的保护与发展

一、保护与发展的现状

据青海省文物局调查数据显示，在青海省4166个行政村中，具有文物保护和传统村落价值的村庄有290个，占青海省村落总数的7%，目前青海省有73个藏族村落入选中国传统村落名录，占全省村落总数的1.8%。通过对青海藏族集中居住区实地调查和走访发现，很多具有民族特色和地域特色的村庄还未被列入中国传统村落名录。青海省多样的自然环境和多元的民族文化造就了不同特色和风格的村落，而随着现代化、城镇化进程和新农村建设，越来越多的传统村落面临保护的危机和困境。乡村城镇化、"空心化"和现代化的现象在藏族村庄中也同样存在，尤其是近几年，部分村庄农户拆除老房子，改建现代化的钢筋水泥房，传统的木门已换成清一色的铁门，如今这样的村庄已经十分普遍，传统元素在现代村庄中越来越少。城镇化导致一部分传统村落转化为城市的一部分，直接致使传统村落消失。城镇化建设和新农村建设导致的乡村格局改变和村落特色消失，破坏了原有的人居环境。与此同时，村庄"空心化"的现象也十分普遍，就调查的村庄来看，年轻人大部分在外打工，留下来的是年迈的老人和无人看管的小孩，村中的田地大片地荒废。村落中部分极具历史文化价值的建筑没有得到应有重视，年久失修，其历史价值尚未被充分利用与体现。

（一）建设性破坏

新型城镇化建设是当今我国社会经济高速发展的必然结果。有些地方把新型城镇化建设理解成大拆大建，使越来越多的传统村落变成了由钢筋水泥浇筑的现代化村落。一些传统的土质木质结构建筑由于受到环境的影响，已不能满足人们日常生活的需求。村民为了满足居住需求，把许多传统的不能满足生活需求的建筑推倒重建，村落中现代建筑与传统建筑并存的现象随处可见，以至于造成了传统村落不伦不类的局面。如何做到新型城镇化建设与传统文化保护相互兼顾，是传统村落保护中存在的突出问题。青海藏族集中居住区大部分传统村落处于偏远落后地区，各方面基础设施比较差，分布较散；村民对传统文化的认知比较少，对传统文化的价值不理解，导致许多村民对经济利益的需求远高于对文化的需求，使许多传统建筑被破坏，失去了其原有的价值。如何在城镇化建设的进程中既满足村民的日常生活需要，又保护传统文化不被破坏，是当下迫切需要解决的问题。

（二）原真性缺失凸显

随着经济的发展，如今传统村落的原真性越来越受到关注，"千村一面"的现象越来越严重，传统村落的传统建筑、传统文化相继消失，很难再看到村落的传统面貌。许多古民居年久失修，当地居民一般没有修缮保护的意识，许多外出打工的村民见识了其他地区的现代化建筑，为了满足生活的需求，往往会在原来的民居基础上重建。即使有些村民有保护古建筑的意识，也不得不面对修缮费用过高等实际困难,往往要么保持原样不变,重新选址建房;要么找非专业的人士进行简单修缮;要么直接重建。这些现象在许多传统村落中表现得非常明显,导致传统村落的原真性严重缺失。

二、活化路径探析

(一)政策支持

传统村落、乡村记忆的保护与延续,已经成为当今社会的热议话题,也得到了政府越来越多的关注。从 2012 年开始,住建部、文化部、财政部联合启动了传统村落的全国性摸底调查与保护发展工作,并在年底发布的《中共中央 国务院关于加快发展现代农业进一

图 3-6
村中为数不多的
传统民居

步增强农村发展活力的若干意见》中强调，制定专门规划，启动专项工程，加大力度保护有历史文化价值和民族、地域元素的传统村落和民居。这是传统村落概念第一次出现在党和国家的重要文件中。保护传统村落之所以得到如此高度的重视，就在于传统村落所蕴含的重要的历史文化价值。

2013年12月，习近平总书记在中央城镇化工作会议中指出："要依托现有山水脉络等独特风光，让城市融入大自然，让居民望得见山、看得见水、记得住乡愁。"这是国家对生态文明建设的新要求和新方向，目的在于保护好我们赖以生存的生态环境和家园。2014年4月，住建部等出台了《关于切实加强中国传统村落保护的指导意见》，目的是防止出现盲目建设、过度开发、改造失当等修建性破坏现象，积极稳妥推进中国传统村落保护项目的实施。其中对传统村落有3项基本要求：保持传统村落的完整性，保持传统村落的真实性，保持传统村落的延续性。

2014年以来，青海省政府从政策法规、资金支持、成立专家指导委员会等方面逐渐展开传统村落的保护行动。第一，贯彻《关于切实加强中国传统村落保护的指导意见》的精神，强调"加强对古村落、古民居、古建筑的保护和利用，应与打造田园美、村庄美、生活美的高原美丽乡村紧密结合，特别是要注意对传统古村落、传统建筑的保护，不搞强求统一和大拆大建"。第二，编制《青海省传统民居分类谱系》和《青海省传统村落名录》，这是对青海省传统村落信息的详细梳理和归整，这也为之后青海省传统村落的保护和发展奠定了坚实的基础。第三，成立了青海省传统村落和传统民居保护专家委员会，专家委员会的主要任务是对传统村落档案建立，保护发展规划编制及审查，建设项目选择与申报，项目建设以及对传统建筑保护修缮等工作提供技术指导。第四，为防止出现过度开发、盲目建设及改造失当等建设性破坏，省住房城乡建设厅等七部门印发了《青海省传统村落保护建设项目实施方案》和《我省实施传统村落保护建设村庄省级联村专家名单及相关制度的通知》。

2015年，海东时报社联合青海民间艺术家协会、省住建厅村镇处、人民网青海频道、"江源拍客"启动"青海传统村落大调查"活动，先后到海东市、海南州、玉树州、果洛州等地，对青海传统村落展开实地调查，调查成果已在《海东时报》、人民网青海频道上连载报道，相关书籍也要陆续出版。2016年，青海省政协到海东市、黄南藏族自治州各个县（区）的村庄进行实地调研，目的在于建立传统村落省级保护名录，编制已列入国家名录的传统村落的保护规划，对不同价值的传统村落、乡土建筑制定详细的保护档案，分级保护。2017年8月12日，中国民族传统村落三江源峰会在青海省玉树藏族自治州称多县通天河畔的古藏村拉司通开幕，主要探讨如何保护好古村落文化遗产、推进文化遗产保护事业。峰会上还宣布了《关于建立三江源地区民族传统村落保护与利用科研实践示范区的决定》，并通过三江源地区民族传统村落保护利用《拉司通宣言》（以下简称《宣言》）。《宣言》称："藏族建筑文化是中华民族建筑体系中，山地建筑的典范，生态智慧的彰显，更凝聚着人类建筑文化的极地建筑经验和生态建筑探索。立志为藏族集中居住区传统村落保护树一个典范，立志为藏族集中居住区人文生态和谐扬一面旗帜，立志为世代生活在如诗田园的藏族人民耕一片民生福田。"

2017年10月31日，由中国民间文艺家协会、民族文化宫、青海省文学艺术界联合会、青海省住房和城乡建设厅主办的"守望家园 传承文明——中国传统村落青海图片展"在北京民族文化宫开幕，此次展览旨在通过集中展出遗存丰富、文化灿烂、建筑完整的青海传统村落，展现高原传统村落文化的独特魅力和价值内涵，让更多的人看到"乡愁"，增强文化认同感，唤起全社会保护意识，推动传统村落保护工作持续深入开展，携手共建各民族共有的精神家园。

（二）资金支持

财政资金的支持为青海省传统村落保护、文物保护的行动提供了强有力的物质保障。专项资金主要用于传统建筑和历史遗迹保护性修缮、建筑防灾减灾、环境综合整治，以及处理污水垃圾等基础设施和公用设施建设，整体保护和改善传统村落的历史遗存和人居环境。第一，2014年以来，争取资金1.23亿元投入传统村落保护，按每个村300万元的标准，对青海省入选的41个传统村落防灾减灾设施建设、历史环境要素修复、卫生等基础设施完善、公共环境整治、文化遗产保护等项目予以支持。第二，传统村落中的文物遗迹大多年久失修，亟待保护。为了加强对传统村落中国家级重点文物的抢救性保护，于2014—2016年对传统村落中的重点文物实施了抢救、安防、加固等工程。同时，对体现传统村落文化传承的非物质文化遗产加大扶持力度，通过支持传承基地建设、展示推广、技能培训、研究出版等综合保护措施，加强了热贡艺术、黄南藏戏等非物质文化遗产的传承与保护。第三，改善传统村落基础设施条件。为了将民生福祉纳入村落保护发展的目标，支持人性化的修缮和改造，在保持原有古老风情的前提下，通过党政军企共建、脱贫攻坚、美丽乡村、农村环境连片整治、新农村建设等渠道加大对传统村落基础设施建设力度，有效改善传统村落生产生活条件，提升公共服

图 3-7
村庄新修道路

图 3-8
新农村广场景观

务均等化水平，努力留住追求现代生活方式的村民，进一步夯实了传统村落发展的基础。

(三) 人才培养

传统村落的保护离不开专业的人才，青海省传统村落相对来说比较丰富，但青海省传统村落保护的人才相对来说较少，特别是藏族和蒙古族等少数民族的传统村落保护人才更是少之又少,就目前的情况来说,培养专业的人才是对传统村落保护的重要途径。培养专业人才可以从两方面入手:第一,从近期来说,邀请传统村落方面的专业人才驻村,为村民进行保护村落的培训,为村民讲解保护传统村落的重要性,讲解传统村落的资源价值,提高村民对所拥有资源的自豪感,讲解保护传统村落所产生的一些经济价值,让村民主动参与保护传统村落中去。第二,从长远来说,青海省各个高校可以开设专门的专业,专门培养传统村落保护的人才,从而全面推动青海省传统村落的保护与开发。

(四)监督治理

传统村落的保护离不开监督治理,传统村落的保护不是一蹴而就的,随着各种因素的影响,传统村落的各种资源会遭到各种破坏。对传统村落的保护应该进行实时的跟踪,对传统村落进行归档,每隔一段时间对传统村落进行检查,发现传统村落有被破坏的迹象或者已经遭到了破坏,要及时地去修复去保护,而不是一次修复就放任不管。如果发现有人为的破坏,有关部门应该及时制止,对破坏传统村落的人进行严肃处理,让人们明白政府对传统村落保护的重视,提高村民的保护意识。

(五)保护开发

合理的开发是保护传统村落的一种重要的策略,对传统村落的开发离不开政府、企业、村民的合作。企业的开发应该以保护为前提，许多旅游企业对传统村落的开发往往把经济效益放在第一位，对传统村落做不到可持续开发，政府应该对旅游企业进行监督，对不合理的开发要及时制止。村民应该参与经营中去，许多地方政府将传统村落承包给开发商，而开发商为了经济利益，往往把当地村民排除在外，村民往往是获利最少的，长此以往，村民和企业必定产生矛盾，不利于传统村落的保护。只有村民参与经营当中，从中获得经济效益，各方才能共同合作，才能实现传统村落的保护，才能实现传统村落的可持续发展。

中国传统村落文化抢救与研究

文化区系列

第四章

Chinese Traditional Villages

藏蒙传统村落之甘肃藏族集中居住区

甘肃藏族集中居住区在行政区域上包括甘南藏族自治州和天祝藏族自治县，位于甘肃、青海、四川的交界地带，是青藏高原和黄土高原的过渡地带。在甘肃藏族集中居住区居住着藏、汉、回、土、蒙古等十多个民族，形成了以藏族为主的多民族杂居格局；在文化传统上受中原传统文化、藏传佛教文化的影响，形成了多元文化形态；在生产方式上，受特殊地理环境的影响，形成了农业、牧业、半农半牧三种不同的生产方式。甘肃藏族集中居住区传统村落的产生和发展，与其多元文化背景、环境背景、多种生产方式共存等因素有关，具有和其他藏族集中居住区相似但又不同的发展特点。

第一节
甘肃藏族集中居住区传统村落的风貌成因

甘肃藏族集中居住区传统村落的形成受自然因素、文化因素以及社会变迁等多方面的影响。甘肃省地貌特征复杂多样，尤其是甘肃藏族集中居住区地势起伏变化较大，水土资源丰富，其气候具有地域性。温暖湿润的气候条件是影响传统村落形成的重要因素。民族地区的传统村落受宗教信仰、民族关系、家庭结构的影响较大，甘肃藏族集中居住区的主要聚居民族为藏族，受藏传佛教的影响主要体现在村落结构、建筑风格、选址以及村落的发展方向等方面。其他影响因素还包括历史文化、人口迁移、经济发展等，这些因素更侧重于对人们行为方式的影响，主要体现在建筑风格的多元性、村落结构的合理性等方面。影响因素的多样性，决定了传统村落类型的多样性，在多种影响因素的综合作用下，人们对生活环境的追求通过特殊的空间结构体现出来，形成了甘肃藏族集中居住区传统村落现有的形态结构。

一、自然因素

受自然因素的影响，甘肃藏族集中居住区传统村落的形成具有特殊性。生态环境较为脆弱、地理环境较为复杂的西北部地区受自然环境的影响较为明显。通过分析甘肃藏族集中居住区 10 个藏族传统村落可以发现，传统村落的形成主要受以下四个自然因素的影响。

（一）水资源因素

传统村落普遍靠近水源，水资源在人们的生活中具有重要的作用。靠近水源是村落选址的重要因素，人们生产生活中的餐饮、清洁、种植、养殖、消防等都离不开水。甘肃藏族集中居住区传统村落的建设多数临近水源，地表水或地下水丰富。水资源富集的区域，一般植被覆盖率较高，易生长品质优良的牧草，这对以畜牧业为主的村落具有重要作用。位于甘南藏族自治州迭部县多儿乡的洋布村是一个形成于清代的藏族传统村落。洋布村建在两山之间的河谷地带，生态环境优美，与九寨沟仅一山之隔，具有甘肃藏族集中居住区规模最大的原生态水磨群。山间谷地流出的河水推动水磨转动，为洋布村村民的生产生活提供了便利，每到丰收的季节，村民割稻收麦,挨家挨户使用水磨碾出谷粒,储备粮食。位于迭部县达拉乡的高吉村是一个河流贯穿全境的传统村落,高吉村依靠河水灌溉农田,在山坡平缓地带种植经济作物。

(二)土地资源因素

《史记》中说:"仓廪实而知礼节,衣食足而知荣辱。"充足的粮食让百姓讲礼貌,温饱让百姓懂荣辱。所谓"国以民为本,民以食为天",粮食的生产是从古至今都被关注的问题,而粮食高产的前提是水源充足、土壤肥沃。因此,是否拥有肥沃的土地是传统村落选址建设的重要因素。位于甘南藏族自治州夏河县甘加乡的八角城村,位于连片的山原之间,地势开阔,村民在广阔的草地上开垦农田、种植农作物。八角城村是依靠古战场上遗留下来的城墙而建立的,早期的藏族群众以游牧为主,仅在城墙内居住,残存的城墙可以遮挡大部分的风雨,并且城墙外牧草肥沃。经过长期的发展,村民发现八角城外开阔的土地是种植庄稼的天然地带,就纷纷开垦土地,种植各种经济作物,自此在八角城内定居下来。

(三)气候因素

甘肃藏族集中居住区因为海拔、地形、温度、降雨等差异较大,因此各地气候具有极大的差异,各个传统村落在形成过程中根据聚居地的气候条件进行相应的建设。但较为统一的是,不论是山原地区的村落还是峡谷地区的村落,在选址建造时,都选择在向阳、避风的地区。此外,空气湿度、降雨量等也是传统村落形成过程中所要考虑的问题。对甘肃藏族集中居住区传统村落进行对比分析可以发现，气候相对干旱、降雨量较少的地区，村落的屋顶一般为平顶，这种屋顶极为适合降水量较少的地区，并且具有隔温和防止太阳辐射的作用。气候相对湿润、降雨量较多的地区，村落的屋顶一般为尖顶，这种屋顶适合降水量较多的地区，有利于屋顶雨水的排泄，并具有减少太阳辐射的作用。甘南藏族自治州迭部县益哇乡的扎尕那村是位于气候湿润、植被茂盛地区的藏族传统村落。扎尕那村的民居屋顶多为尖顶，可防止在多雨季节屋顶出现积水现象。

（四）地形地貌因素

甘肃藏族集中居住区传统村落多分布在山地高原地区，为保持良好的居住环境，一般村落的选址符合依山面水的理念。甘肃藏族集中居住区的地形复杂多变，人们在村落选址时一般选择地势较缓、临近水源的河谷地区，有些村落也会选择建设在较大的山体顶部或台地等平坦地区。甘肃藏族集中居住区传统村落的规模与聚居地的地形有直接关系，土地形态的不同限制了村落的扩张与发展。狭窄的峡谷、河谷地区的村落一般人口分散，村落为中、小型，宽阔的台地、山原地区的村落一般人口较为集中，大型村落较多。甘南藏族自治州合作市勒秀乡的罗哇上村是建在山地丘陵地区的传统藏族村落。罗哇上村受地形条件约束，与外界沟通较少，村落的原始风貌保存较为完整。

二、文化因素

甘肃藏族集中居住区传统村落的形成受多种因素影响，除了自然因素之外，文化因素对甘肃藏族集中居住区传统村落的影响最大，包括历史文化因素、民族因素、宗教因素等。传统村落中民族构成比重不同、宗教信仰不同，直接影响着传统村落的布局结构。

历史文化因素是影响甘肃藏族集中居住区传统村落形成与分布的重要因素之一，传统村落的历史文化记录了村落的形成、繁荣与衰落。先秦时期，古羌人在甘肃藏族集中居住区及其周边区域活动。汉朝时期，张骞作为使臣出使西域，经丝绸之路到达中亚，将中国传统文化、手工艺品带到西域进行交流，引入西域地区的文化、宗教、艺术等。隋朝时期，中国与西域不断扩大通商，加深文化交流，丝绸之路成为我国联系亚欧各国的重要通道。唐朝时期，甘肃、青海一带被吐蕃政权统治，多种少数民族文化在此融合发展。明朝时期，汉族的发展给甘肃藏族集中居住区注入了农耕文化新活力，种植农作物成为甘肃藏族集中居住区居民的主要生产方式，农耕文化和游牧文化共同发展。

甘肃藏族集中居住区的居民主要是藏族，藏族主要信仰藏传佛教，宗教信仰对村落的布局、选址有明显的影响，也影响了民居的建筑风格、房屋的朝向、街道的走向以及房屋内部的装饰风格等。藏族居民对宗教的信仰是神圣的，宗教力量对村落的选址影响巨大。在房屋建筑过程中，一般选择面朝宗教圣地的方向建房屋，形成以村中寺院为核心的宗教文化活动空间。如果民居的大门与街道形成冲突，比如院门对着街道、水井、池塘等，人们会认为风水不好，会引来灾祸。甘肃藏族集中居住区受游牧文化影响较大，藏族传统村落多数以村内寺院为中心，形成以寺院为核心的具有圈层特质的村落布局结构。中心地区是以寺院为核心的生活区域，外围地区是放牛羊的牧场，再远一些是季节性的牧场。

　　甘肃藏族集中居住区传统村落通常分布在寺院周边，村民的日常生产生活围绕着寺院展开，除去必需的生产生活所占用的时间，其余大部分时间在寺院里进行宗教活动，如祷告、转经等。位于甘南藏族自治州迭部县益哇乡的扎尕那村是传统的藏族村落，寺院建在村里最高的地方，与村落稍有距离，这样可以保持寺院在人们心中的神圣感。扎尕那村居民的日常生活以宗教信仰为根据，有生活上的问题都会到寺院进行祷告，人的生老病死，会请寺院进行安排。村里的居民过着半农半牧的生活，信仰坚定、民风淳朴，哪一家的马走丢了，只要在村子里问一下，通常都可以在村民的帮助下找回来。

三、社会因素

　　甘肃藏族集中居住区传统村落的发展与当地社会经济的发展有关，村落的繁荣与衰落因产业的兴衰、交通的变化、氏族的兴衰而改变。各个村落曾经的经济发展状况直接影响了传统村落现在的保存状况与发展程度。根据实地走访调查可以分析得出，甘肃藏族集中居住区的传统村落在人口密度较高、经济发展良好的地区分布较多，在人口密度较低、经济发展落后的地区分布较少。传统村落在经济发展良好、人口密度较高的地区拥有更好的物质基础，与周边城镇联系较多，村落保护基础条件优越，当地居民在政府的领导下更容易接受思想上的引导，对村落的保护更为重视，有利于传统村落原始风貌的保存。传统村落在经济发展落后、人口密度较低的地区分布也较多，这是由于经济发展落后地区一般地处偏远山区，交通不便，受外界的影响小，为传统村落的保存提供了客观条件。甘肃藏族集中居住区传统村落在甘南藏族自治州较多，正是因为经济发展落后的甘南州交通闭塞，受外界影响较小，所以原始的藏族传统村落得以完好保存。

由于甘肃藏族集中居住区很多村落地理位置偏僻，经济发展落后，村里的年轻人大多选择外出务工，一年只回家一两次。年轻人的离开使村民往来逐渐减少，除了年老的村民之间还有联络，年轻人之间的交流已经越来越少，仅通过手机等电子通信设备进行联系。年轻人受到外界的影响较大，更加向往村外的生活，村落人口流失严重，组织涣散，进一步弱化了宗教信仰对他们思想、行为方式的约束。

甘肃藏族集中居住区居民在长期的社会发展过程中，融合了多民族特征，很多民族间的宗教信仰相互渗透。渐渐地，人们在婚丧嫁娶、乔迁新居等重大活动时，秉着宁可信其有、不可信其无的想法，开始吸收其他民族的禁忌、习俗，以求平安顺遂、幸福安康。即使是不同民族的风俗和禁忌，甘肃藏族集中居住区的居民们也以各自可接受的方式来表达。中国民族众多，在广袤的土地上他们以大杂居、小聚居的形式生活着，各民族在长期的历史发展中，必然会相互影响、相互学习，从而达成一种融合、共生的格局。

甘肃藏族集中居住区地处中原文化与藏蒙文化的过渡地带，受藏蒙文化影响，甘肃藏族集中居住区居民原本过着游牧生活。随着中原文化的渗透，人们接触到农耕文明，开始由游牧生活转向半定居、定居的生活方式，在适宜种植的地区纷纷开始种植农作物。同时受草原承载力的影响，更多的牧民转为半农半牧的生产生活方式，甘肃藏族集中居住区传统村落的居民开始集中居住，发展为早期的传统村落。在之后的发展过程中，甘肃藏族集中居住区传统村落的居民逐渐确立了半农半牧的生产生活方式，并延续至今。

第二节
甘肃藏族集中居住区传统村落的地理分布与类型

一、地理分布

2012—2019年，住建部等部门共组织开展了5次传统村落调查，在各个地区初步评估推荐的基础上，经过专家委员会评审认定并公示，五批已公示的中国传统村落数量达6819个，截至2019年7月，甘肃藏族集中居住区入选的藏族村落共有10个。

（一）传统村落地理分布的总体特征

根据住建部公布的中国传统村落名录，对甘肃藏族集中居住区10个藏族传统村落进行坐标拾取，并运用Arc10.6平台Arc MAP对甘肃藏族集中居住区传统村落的具体地理位置进行图形绘制，得到甘肃藏族集中居住区传统村落空间分布图，并对其分布特征进行分析，可以看出甘肃藏族集中居住区传统村落的分布具有以下特征：

1. 地域分布不均

甘肃藏族集中居住区包括甘南藏族自治州和武威市天祝藏族自治县两个地区，甘肃藏族集中居住区的传统村落仅在甘南藏族自治州有所分布，在地域分布上，甘肃藏族集中居住区传统村落具有不均衡性。

2. 集中分布在海拔较低的地区

甘南藏族自治州地势西北高、东南低，相应的甘肃藏族集中居住区传统村落的主要聚集区域是甘南藏族自治州的东部及东南部，并且传统村落多数建在山间谷地或河流滩涂地等海拔较低且临近水源的位置。

（二）传统村落地理分布的类型

将甘肃藏族集中居住区 10 个藏族传统村落抽象为点要素，根据最邻近点指数可以判断甘肃藏族集中居住区传统村落的空间分布类型。最邻近点指数是判断点要素在一定区域内的空间临近程度的重要指标，点要素的空间分布类型分为三种：凝聚型、随机型、均匀型。最邻近点指数是用以下公式所确定的：

$$R = \frac{\overline{r_1}}{\overline{r_E}}; \quad \overline{r_E} = \frac{1}{2\sqrt{n/A}} = \frac{1}{2\sqrt{D}}$$

其中：R 为最邻近点指数，$\overline{r_1}$ 为表征最临近距离，$\overline{r_E}$ 为理论最临近距离，A 为区域面积（即甘肃藏族集中居住区面积），n 取 14，D 为传统村落的密度。

根据 Arc GIS10.6 进行测量，可以得出表征最临近距离 $\overline{r_1}$ 约为 30.76 千米。再取 n 为 14，A 为 45670 平方千米，根据公式计算得出理论最临近距离 $\overline{r_E}$ 约为 28.56 千米。$\overline{r_1} > \overline{r_E}$，$R = 30.76/28.56 \approx 1.077 > 1$，即传统村落在甘肃藏族集中居住区范围内呈随机型分布。

（三）传统村落地理分布的聚集区域分析

运用 Arc GIS10.6 平台的密度分析工具，对甘肃藏族集中居住区传统村落抽象成的点要素进行核密度分析。根据核密度分析可知，点越密集的区域，地理事件的发生概率越高。

甘肃藏族集中居住区传统村落分布形成了两个高密度地区——东部地区和东南地区。东部地区主要是甘南藏族自治州的卓尼县，东南地区主要是甘南藏族自治州的迭部县。这些区域的传统村落主要分布在地势变化多样的高山峡谷区和山地丘陵区，受地形影响，交通不便，多数村落发展缓慢，较为封闭的环境为传统村落提供了基础保护条件。在文化、经济等因素的综合影响下，形成了甘肃藏族集中居住区传统村落较为集中的高密度分布特征。

（四）传统村落地理分布与地形的关系

甘肃藏族集中居住区位于青藏高原东北边缘，地处青藏高原的过渡地带，地势西北高、东南低，由西北向东南呈倾斜状，呈现三个地貌区：山原区、高山峡谷区、山地丘陵区。卓尼县所在的山地丘陵区山体无定向连续，纵横交错，其间被盆地、河谷及夷平滩地错割分离，平均海拔在 3000 米左右，除主要峰脊和水流峡谷处有岩石、沙砾裸露外，大部分地区的山麓、谷坡的土壤覆盖层较厚，植被覆盖面积较广。此外，有洮河与大夏河的上游干、支流分布，水网密集，呈树枝状伸展，北岸河谷冲积滩地和阶地多为农田和草场，是主要农牧兼营区。分布在卓尼山地丘陵集聚区的传统村落多位于河谷冲积滩，山环水绕、地形平缓，适合人类定居和开展农牧业活动。涵盖迭部县所在的高山峡谷集聚区地形切割剧烈，山势险绝，沟谷幽深，区内白龙江由西向东横贯，支流呈叶脉状分布。分布在岷—迭高山峡谷均匀分布带的传统村落多位于山间盆地、山间谷地，沿白龙江干、支流分布，这是因为河流不仅能满足人们生产生活的需要，还提供对外交通联系的功能。

二、村落类型

甘肃藏族集中居住区区域内山地较多，地形复杂，主要表现为三种地貌类型：山原、高山峡谷、山地丘陵。甘肃藏族集中居住区传统村落依地形而建，也形成了三种村落类型：山原型、高山峡谷型、山地丘陵型。

（一）山原型

甘肃藏族集中居住区的甘南藏族自治州玛曲县全县、碌曲县大部分及夏河县部分地区为山原地貌，水源充沛，植被覆盖良好，地势较高，平均海拔在 3300 米以上。山原地区的山脉有积石山主脉和西倾山脉，西倾山脉分为南、中、北三条支脉盘踞在甘南境内，北支脉由西南向东北延伸，是甘肃省与青海省的界山。中支脉延伸至甘南腹地，其缓坡地段是甘肃藏族集中居住区另一种地貌——山地丘陵的主要范围。南支脉由西向东延伸，是甘肃省与四川省的界山。这一区域是"三河一江"的上游地带，水流细微、平缓，在山脉与谷地的连接处形成了许多滩涂和缓坡，植被以牧草和灌木丛为主，是甘肃藏族集中居住区的优质天然牧场。山原型传统村落依地形而建，多聚集在山体脚下的平缓地带或山顶连片的空旷地区，四周牧场围绕。受气候影响，民居建筑多为平顶，夯土为墙且墙体较厚。

（二）高山峡谷型

甘肃藏族集中居住区的甘南藏族自治州迭部县、舟曲县为高山峡谷地貌，以白龙江流域为主要构成区域。区域内群山高耸，沟谷幽深，海拔相差较大，西部大多数山峰在海拔 4000 米以上，而东部山峰海拔在 3000 米左右。在白龙江水流的冲刷作用下，地形被剧烈切割，山势陡绝，峡谷幽深，峰顶和谷底的相对海拔能达到 2000 米左右。这一区域内的主要植被是林木、灌木丛、杂草等，多开发利用为草场，平缓地段开垦为农田，山谷开阔地段有碎石、滩地分布。由于河谷地段过于潮湿，区域内山峰过于陡峭，高山峡谷型的传统村落多修建于山体阳坡的半山腰，形成连片的居民聚居群，并在村落周边开垦耕地。受峡谷地区潮湿多雨的气候影响，高山峡谷型的村落建筑样式多为尖顶，以木质结构为主体框架，填充黏土进行搭建。

（三）山地丘陵型

甘肃藏族集中居住区的甘南藏族自治州卓尼县、临潭县全境以及碌曲县、夏河县的部分地区为山地丘陵地貌，处于青藏高原与黄土高原的过渡地带，西高东低，西部平均海拔均在 3000 米以上，东部平均海拔在 2000 米左右。山体形态各异，或陡峭，或浑圆，盆地、河谷随机分布其间，植被覆盖广泛；以阳坡、阴坡为界，阳坡多为杂草、灌木，阴坡多为乔木、草地。区域内水流丰富，支流较多，在山间、草地密集分布，呈树枝状延展，耕地分布在河流缓冲带的冲积滩涂上。山地丘陵型的传统村落多建筑于山体向平原过渡地带的阶梯处，呈条带状分布，并在居民聚居地附近山体较为平缓的坡面进行农作物种植。村落建筑受气候影响，样式多为平顶型。

第三节
甘肃藏族集中居住区传统村落的物质文化景观

一、村落里的建筑景观

（一）民居建筑景观

甘肃藏族集中居住区各个藏族传统村落的自然条件、人文基础

第四章 藏蒙传统村落之甘肃藏族集中居住区

图 4-1 甘南藏族自治州合作市罗哇上村

差异较大,民居建筑景观类型呈现出多样化的特点,可大致分为碉房式院落和踏板房。

1. 碉房式院落

碉房作为藏族集中居住区一种常见的居住形式,因外形酷似碉堡而得名,最早出现于汉代,平顶碉房式院落是甘肃藏族集中居住区院落的典型代表。以合作市罗哇上村为例,该村位于山间一块较为平缓的阶梯形台地上,各个院落鳞次栉比,众多错落有致的碉房式院落连在一起,与草原景色相得益彰。

一般来说,碉房为土木结构的多层建筑,是对古代石木结构的继承发扬。在院落底层,

图 4-2
藏族碉房式院落

使用生土夯实地基、修筑围墙,厚实的围墙既能保证院落的安全,还可以起到防寒保温、隔热避风的作用。甘肃藏族集中居住区碉房式院落民居的第一层一般用来饲养牲畜或堆放杂物,第二层承担饮食起居的功能。若有第三层,则多作经堂和晒台之用。屋顶草泥面用石磙碾轧平整,可供打麦、晾晒等户外活动使用,屋顶有一定的倾角,便于雨水排出。碉房的主体建筑结构采用方格形柱网,客厅约有 6—9 个方格大小,呈长方形,朝阳的一面用大面积的玻璃推拉窗代替墙体,以达到采光取暖、除湿通风的目的。总体来说,碉房式院落对冬有严寒、夏无酷暑的高海拔藏族集中居住区居民来说,既考虑了房屋的实用功能也兼顾了艺术效果。①

随着收入水平的提高和社会的进步,碉房式院落的土墙逐渐演变为美观坚固的砖墙,增加了院落的可利用空间,太阳能、自来水的入户也提高了居民的生活质量。

---

① 刘敬允.甘肃省民族聚居区传统村落的保护与发展研究[D].西安:西安建筑科技大学,2018.

2. 踏板房

在甘南藏族人从草原游牧转为乡村定居的过程中，踏板房成为其利用地形、就地取材的民居形式。踏板房多数随地形而建，依山就势，一般背阴向阳，利用山崖或土坝作为天然防护墙，屋架紧挨围墙盖起，以木材为主，土、木、石相结合。

迭部县益哇乡扎尕那村一带的民房，在正房平顶另外架起两檐木橼屋顶，在木橼屋顶上沿斜坡再盖约0.25米宽、1.5米长的松木踏板，上排压下排，交接处横放半圆形细长条木杆，然后用石块压住，以防风吹错位。通常来讲，踏板房门窗较小，可防寒保暖，尖状的屋顶可防止雨雪堆积压塌房屋，门楣和窗楣线条比较简洁，这些细节都凸显出山区建筑特色与审美取向。

图 4-3
甘南藏族自治州夏河县拉卜楞镇踏板房

（二）寺院建筑景观

甘肃藏族集中居住区的寺院一般依山就势，由低至高纵向布局，建筑规模最大的主寺占据高顶，居高临下。寺院建筑群主要有经堂、僧舍和佛塔等。

1. 经堂

经堂是寺院的主要建筑，是供学僧修习诵经和举行宗教活动的中心场所，寺院所有的建筑都围绕这个中心展开。经堂殿宇总体呈半月形格局，气宇轩昂，表达出一种天人合一的宗教思想和建筑理念。经堂前面有一个小广场，是朝拜和举行佛事活动的地方。广场周围的大小通道可通往寺院各处。

图 4-4
甘肃藏族集中居住区寺院经堂

2. 僧舍

僧舍为僧侣的私人财产,传统的僧舍多为平顶土木结构。教派不同,其饰纹也不同,大多数以土黄色为本色,其他的饰以白色。僧舍多为庭院式,院内有花园,种植花卉。房舍分客房、厨房、库房和柴房,房舍内四壁均用木板装置,木墙壁上有暗柜和碗柜,可放置日常生活用品。

3. 佛塔

佛塔是寺院建筑之一,也称"浮屠"。佛塔的构造自下而上,依次为塔座、座梯、塔面、塔垫、塔檐、塔身阶层、瓶座、拱基、拱垫或斗座、塔拱、支撑华盖的莲花座、十三相轮、阴法轮、阳法轮、伞状月盘和塔尖。

图 4-5
甘肃藏族集中居住区
寺院佛塔

（三）其他特色建筑景观

1. 迭部县多儿乡洋布村水磨群

在迭部县多儿乡洋布村南侧断崖下，存在一处始建于清代，拥有百年历史的水磨群。水磨群由 11 个独立的水磨坊组成，集中分布在白龙江的重要支流多儿河上，每个水磨坊外层由泥石筑成，内层为木结构，长宽高均为 6—7 米。水磨坊将水引至磨坊底部带格的方形木轮上，利用水的冲力带动连着木轮的木轴以及磨坊内部的石磨，达到利用原始水力机械碾磨青稞等农作物的目的。洋布村现有 160 户人家，每 20 户共用一个水磨坊，多儿河水不结冰，可以一年四季不间断地碾磨。水磨坊为信息闭塞的农户提供了活动和交流的场所，是洋布村沧桑历史的见证。

2. 夏河县甘加乡八角城村八角古城

八角古城建于南北朝时期，在宋元时期大规模地修缮时，一反中国古代城池正方形的结构，使内城呈空心十字，八角突出。整个城垣用土和沙石分层夯筑成高 6—13 米，底宽 11—13 米的内、外两层城墙。内城周长 1960 米，占地面积 169600 平方米。

约 100 年前，八角城成为夏河拉卜楞寺第四世嘉木样活佛的属地，当地藏族人开始迁入城中居住。1958 年，国家户籍制度改革后，一批来自河南的支边青年入住八角城，后来其中的一些人就留在了城中，八角城藏族和汉族杂居的格局逐渐形成。

八角城空间格局具有其普遍性和特殊性，正南正北向的城址布局，同中原城市城墙的布局一致。同时，临水布置符合"高毋近旱而水用足，下毋近水而沟防省"的营建观念。此外，城址营建格局

图 4-6　夏河县甘加乡八角城村八角古城

受藏族集中居住区宗教文化和自然崇拜观念影响，寺院、插箭台、高凸的山体成为居民点的形胜参照，也成为城址同周围环境的互动与呼应，传递着原始建造和文化建造的山水观念。

二、村落里的生态景观

（一）甘加草原及白石崖

甘加草原位于甘南州夏河县甘加乡，平均海拔在 3000 米以上，周围群山环绕，属于

图 4-7　夏河县甘加草原

草甸草原，是发展畜牧业的天然牧场，也是游客观赏央曲河、央拉河和白石崖的理想之地。甘加草原设有牧云帐房营地接待处，营地共有 11 个帐房，能满足游客的食宿需求，提供奶茶、糌粑、藏包子、手抓羊肉等藏式美食和骑马、篝火晚会等娱乐项目。

甘加草原被一座名叫白石崖的陡峭石崖分割。白石崖宽约 500 米，长约 15 千米，呈东西走向，在蓝天白云的映衬下同碧绿的草原形成鲜明的对比，蔚为壮观。在白石崖根部偏西处，有一处可容三四人进出的溶洞，洞里有潺潺流水，熔岩造型千姿百态，形似人物，惟妙惟肖。

图 4-8　夏河县白石崖

（二）玛曲湿地保护区

"玛曲"藏语意为"黄河"，玛曲湿地保护区是青藏高原上面积较大、生态环境较好的高寒沼泽湿地之一，玛曲湿地为黄河提供了近 45% 的径流量，有"黄河之肾""黄河蓄水池"和"高原水塔"之称。整个保护区面积约 37.5 万公顷，泥炭层有数十米深，泥炭储量可达 15.9 亿立方米，在整个黄河流域的生物化学循环中有着举足轻重的地位。

(三)大峪沟森林生态旅游区

大峪沟森林生态旅游区位于甘南州卓尼县木耳镇,全长81千米,共有9条支沟,总面积约105214.6公顷。在大峪沟森林生态旅游区内,裸岩、草甸、森林、灌木丛和农作物等自然景观均有呈现,山溪鲵、洮河石花鱼等20余种国家级保护动物在此繁衍生息,是科学研究的标本基地和资料宝库,也是旅游度假的风景名胜区。

图4-9 大峪沟森林生态旅游区

第四节
甘肃藏族集中居住区传统村落的非物质文化景观

一、宗教文化景观

(一) 本教

本教也称本波教,发源于西藏自治区阿里地区南部。本教信仰万物有灵,崇拜天地、日月、星辰、雷电、山川河流,甚至草木、禽兽,是古代人类对自然现象无法解释而产生的敬畏依赖和幻想性认识。据有关史料和民间口碑,本教传入甘肃藏族集中居住区大约在唐朝中叶。甘肃藏族集中居住区的本教寺院共有13座,其中迭部县12座,夏河县留存1座,另外舟曲县也有本教寺院的遗迹。

甘加作海本教寺位于甘南州夏河县甘加乡,由则秀上师珠旺顿尼夏普尔监造,耗时60年(1027—1087)修建而成,是甘肃藏族集中居住区规模较大的本教寺院。恰日本教寺位于甘南州迭部县达拉乡,始建于1867年,由高吉村的头目崔伦主持修建,1920年遭火灾毁坏,由名僧阿桑主持重建。

(二) 藏传佛教萨迦派

萨迦派的创始人贡却杰波是吐蕃贵族昆氏家族的后裔。1073年,贡却杰波于后藏仲曲河谷创建萨迦寺，"萨迦"意为"灰白色的土地"，萨迦派因此而得名。因寺院围墙上涂有象征文殊、观音和金刚手菩萨的红、白、黑三色条纹，也被称为"花教"。

（三）藏传佛教格鲁派

"格鲁"藏语意为"善规"，强调严格持戒、遵守教律，因信仰格鲁派的俗人戴黄色僧帽，所以也称黄教。格鲁派创建人是宗喀巴。明代永乐年间噶丹寺的建立标志格鲁派的正式形成。甘肃藏族集中居住区夏河县的拉卜楞寺是格鲁派的六大寺院之一，被誉为"世界藏学府"。

二、民俗文化景观

（一）节庆活动

1. 洛萨节

"洛萨"在藏语中是新年的意思。在甘肃藏族集中居住区，洛萨节是一年中最盛大的传统节日。在藏历十二月二十七或二十九，农牧民开始清扫房屋院落，并用黄土修缮灶台和煨桑台，还要根据天气晾晒衣被和炸油馍。在炸油馍前，每家大门往往会上锁或者插一条柏树枝，防止不干净的东西进门冲了油锅。到了藏历年三十，所有外出工作的人都会回家过年。堂屋的佛龛前挂上自制的四方形灯笼，佛龛上装饰哈达、彩绸布条、吉祥结等，供上净水碗，点燃酥油灯，摆设供祭品，清还借物。待到天黑时，使用簸箕将这些天清扫的垃圾运到固定地点倾倒，燃放鞭炮或鸣枪以达到驱魔辟邪、祈求平安的目的。

藏族集中居住区的洛萨节并无守岁的习惯，而是守鸡鸣。日出前头声鸡鸣响起时，藏族的汉子们吼叫欢呼，男女老少便穿上新藏袍，点燃灯笼，点燃鞭炮，再次为佛龛供上清水，点燃佛灯，摆放五谷斗，斗内放上扎满五彩布条的剪枝。除此之外，甘肃藏族集中居住区的部分村落还要去寺院供灯朝拜，在神台上插箭，放风马，鸣枪欢呼。

藏历正月初一，各家各户往往不走亲戚不串门，初二才互相拜年请客，欢聚在大院里唱歌跳舞，食用蕨麻米饭、牛羊肉、藏包子、青稞酒、奶茶等特色食品，一直持续到藏历正月十五日才算过完洛萨节。

2. 娘乃节

每年藏历四月十五，甘肃藏族集中居住区的寺院都会庆祝娘乃节。"娘乃"意为"守饥行、禁食斋"，也叫禁食斋戒法会，俗称"四月会"。据说释迦牟尼于藏历四月十五降生、成道、圆寂，所以娘乃节期间，僧俗的活动内容以闭斋、转经轮和念嘛呢为主，以纪念释迦牟尼。所谓闭斋，是在当天用过早餐后，不饮不食不说话，直到第二天黎明；转经轮是指绕寺转经轮；念嘛呢是指诵吟"唵嘛呢叭咪吽"的"六字真言"，有的以村为单位，集中在本村的玛尼静房内，请一个喇嘛领头念嘛呢经。

3. 插箭节

每年藏历五月初四,甘肃藏族集中居住区各地区的村寨都要按照当地风俗,举行祭山神的插箭活动。插箭台建在离村子较近的山头平缓处,藏语称插箭之地为"拉哉"。拉哉的形式和规模大同小异,有用石块垒起来的,也有用嘛呢箭杆插成堆的,还有用硕大的筐装上石头再插上箭杆的,无论哪种形式,其上都有经幡、三色线、五色绸带布条、哈达、白羊毛细绳等祛邪吉祥饰物。

插箭前一天将箭做好,箭杆的根部削成箭头状,顶部绑柏枝,柏枝下面扎有三棱式彩色木质箭羽,下面再缠哈达或彩布条等。其形状似箭又像杆子,箭羽上还绘有宝珠、吉祥轮等图案。藏历五月初四清晨,人们开始参加插箭仪式,参加仪式的全是男性,无论年龄大小,都要穿戴一新,青年人腰间斜插长刀。他们高擎木制彩箭,带上香柏枝、酥油、乳汁、糌粑、糖果、茶叶等祭祀品,同时也带上一颗虔诚的心,走出村寨一路前行,汇聚到插箭台下。

祭祀仪式主要有三项内容,即煨桑、放风马、插箭。煨桑是整个仪式的开端。接着摆放祭品,祭品主要有乳汁、乳酪、酥油,称"三白"。桑火燃起来后,人们便将从家中带来的少量水酒、酥油、糌粑等祭品抛入桑火中,喇嘛把用糌粑、酥油捏成的各种祭品涂上红、黄、绿颜料,再放入桑火中,火中入油,燃烧得更加旺盛,发出"噼噼啪啪"的响声,火苗"扑扑"上窜,滚滚烟雾向高高的天空升腾。此时喇嘛们开始击鼓敲钹,诵念"煨桑祭词",赞颂山神的个性、尊容、功德和威力。

4. 香浪节

藏语"香浪"是采薪之意。而汉语的"浪"字含有游玩的意思，故香浪节又称浪山节。

浪山节起源于何年已难以考证，但浪山节在甘肃藏族集中居住区流传已久。较为普遍的说法是浪山节源于寺院，是僧侣们为解决寺院燃料问题，每年在特定的时间赴野外采薪而逐步形成的习俗，后来确定每年三至八月为采薪季节，每次出外采薪为3—5天。每逢采薪之际，僧侣们纷纷携带帐篷、灶具和食物，前往山林峡谷，在绿草如茵的草地扎下帐篷，进行采薪活动，这一活动后来演变成为如今的浪山节。

浪山节与当地百姓的生产劳动和日常生活密切相关。藏族集中居住区百姓的生产生活方式为半农半牧，人们以家庭为单位分散劳作，很少有相聚的机会。而每年一次的插箭活动与浪山活动，能吸引人们相聚在一起，进行交流或精神调剂，这就导致了浪山节规模的扩大和内容的扩充。随着农牧民生活水平的不断提高和城镇干部职工队伍的壮大，迭部的浪山活动也由农村转入城镇。现在，每逢浪山节，人们便备足酒肉菜肴，携带帐篷、炊具等进行浪山活动，欢度节日。在此期间，村中的妇女带上祭祀供品供奉土地神，祈求人畜平安、五谷丰登。随着近年来旅游业的发展，在风光秀美的松林河畔、草地间建起了许多旅游点，进一步促进了浪山活动的发展。目前，从浪山节发展而来的香巴拉旅游艺术节已经成为甘南州最大的综合性节日之一。

（二）服饰文化

1. 居民服饰

冬季，男女均戴狐皮帽，春、夏、秋三季则戴毡质礼帽。有的妇女在冬季戴一种扁圆形的"差哈"帽，其料可分三层，帽檐一圈与帽顶以白羊羔皮装饰，帽面由红、黄、蓝、绿等各色氆氇层层相连，帽后边缘中间有一个三角形开口豁牙，前帽面折一条隆高的斜棱角，与鼻梁成一条线。夏天，男子穿白布衬衣，外套长袖、宽腰、右衽、斜领、长至脚面的黑色或咖啡色布面长袍。在领围、袖口、下摆、襟边均镶饰花纹氆氇、水獭皮或豹皮。冬季，则穿有布面的羊皮袍。着装时，提起下摆，以丝绸红腰带束腰。寒冬，皮袍的两袖皆需穿上，天热或劳动时只穿左袖，露出右肩，把右袖从后面拉于胸前搭在右臂上，或左右两袖都不穿，将其束于腰间的丝绸红带上。脚穿自制的牛皮包底布筒靴子，并将裤筒膝下部分装入靴内，显得沉重坚实，走路的姿势有种彪悍壮美之感。妇女的藏袍稍窄，也是长袖、大襟、右衽、斜领，长至脚面。颜色多为黑色、咖啡色或墨绿色。在领缘、袖口、下摆边均用"花十字"氆氇或水獭皮装饰。腰间红绸系打的结扣和剩余部分吊于腰侧，在宁静沉稳的意蕴中烘托出一种热情与温暖。

图 4-10
甘肃藏族集中居住区
穿藏袍的男子们

2. 僧人服饰

在整个藏族服饰文化中，僧人服饰是变化最小、保留传统最完整的。僧人的服饰可为分三个部分：僧服、僧帽和僧鞋。

僧服大都简单庄重，主要有三件："堆嘎"（即坎肩）、"夏木特"（即僧裙）和"查散"（即袈裟）。平时僧人的着装为上身穿红色无袖的"堆嘎"，下身围紫红色"夏木特"，外披一件紫红色的"查散"。"查散"宽约70厘米，长度为身长的2.5倍，披时裹叠于上身，裸露右肩，长及脚面。僧人诵经祈祷时，在"查散"外披一袭巨大的"达喀木"，即披风。僧服因僧人等级和职位不同而在衣料质地、颜色、式样上有所差别。以"堆嘎"为例，有黄绸缎、赤黄缎、赤红毛料、深红毛料之分，一般僧人只能着毛料"堆嘎"，着黄绸缎"堆嘎"的大都是活佛或高僧。

僧帽的颜色主要有两种：红色和黄色。格鲁派僧人戴黄色僧帽，其他教派僧人多戴红色僧帽，噶玛噶举派僧人在夏天则戴白帽。因不同教派和不同地位的僧人所戴的僧帽各不相同，故僧帽种类较多，常见的有贝霞，也叫莲花帽。宁玛派僧人多戴莲花帽，其帽顶尖长，帽檐向上翻前面开门，形如莲花。各大寺院、各教派的赤巴、堪布、上师可戴班霞，意为"班智达帽"，分"班仁"和"班同"两种。精通大小五明学科的班智达（大学者）可戴"班仁"，只精通五明的学者只能戴"班同"。班智达帽有一个高高的尖顶，象征佛法至高无上的中道观，两块延片则代表二义谛。班智达帽最早由阿底峡传入藏族集中居住区。卓孜玛和卓鲁是藏族集中居住区独有的僧帽。卓孜玛和卓鲁形似鸡冠，二者的不同之处在于卓孜玛的冠穗是拢在一起的，而卓鲁是散开的。在甘丹寺、哲蚌寺、色拉寺中，一般僧人戴卓鲁，大小执事僧戴卓孜玛。扎什伦布寺内密宗僧人和有学位的僧人都戴卓孜玛，其他僧人则一律戴卓鲁。

僧鞋大多是牛皮底长筒靴。一般僧人穿"夏苏玛"靴，底和帮是用一整块熟皮做成的，鞋尖上翘。地位高的僧人穿厚底锦缎鞋。念经祈祷时，从普通僧侣到高僧，一律不穿鞋，以示对佛祖的虔诚。

（三）特色饮食

1. 烤蕨麻猪肉

甘肃省甘南藏族自治州迭部县的人们喜食烤蕨麻猪肉。迭部蕨麻猪又称迭部藏猪或迭部藏香猪，因其采食一种名为蕨麻（人参果）的植物而得名，是迭部藏族先民由野猪驯化而来的优良猪种，具有肉质紧密、脂肪少、瘦肉多、皮薄肉鲜不油腻、肌膜和结缔组织少、口感细嫩的特点，深受当地人们喜爱。食用方法有两种：一种是在逢年过节或招待亲友时取适量腊肉，割成大块或长条，煮熟后放在木制托盘上，上插一把小刀，供食用者切割成小块吃，味稍辣而不腻，猪头和猪脊梁骨肉多用于招待重要客人；另一种是把腊肉切成碎块（片）煮熟，煮面或分别与洋芋、白菜、蕨菜炒成菜肴。

2. 手抓羊肉

活羊宰杀后，将带骨头的大块羊肉投入锅中，用大火烧煮，水将开时打去血沫，加入花椒、胡椒、辣椒，再煮片刻捞出后盛入盘中，撒上椒末细盐，即可食用。由于吃时一手持小刀割肉，一手抓肉，故称"手抓"。这种半熟的开锅肉，味香色鲜，类似涮羊肉，是招待客人的最好肉食。

3. 酥油糌粑

糌粑是将青稞炒熟磨成的炒面。藏族集中居住区气候较寒、牧业比重大的地区早晚吃糌粑，吃法是先在小碗里放入酥油，再加上一些干酪，冲入热茶水，将酥油化开时，把浮在上面的酥油吹到一边，喝去多余茶水，将糌粑放入其中，用手拌匀捏成小团状即可食用，边吃边拌，吃完为止。

4. 蕨麻米饭

将大米煮到七八成熟，捞出后用冷水冲去粉汁，拌以酥油放在笼内再蒸，同时将蕨麻煮熟，然后将大米和蕨麻分别盛入两个盘内，食用时取大米和蕨麻各一半，另加葡萄干、白糖，浇上融化了的酥油，趁热食用。蕨麻米饭味甜而清香，倍受藏族人的青睐，被视为上等膳食。

5. 藏包子

藏包子是将生的牛羊肉剁成馅，剁时不断浇水，加入少许生葱、生姜、食盐、花椒佐料，然后擀面皮包成的包子。蒸熟后醮酱、醋、油泼辣子和蒜泥食用。这种带汁水的包子，皮薄馅多，汤满油肥，形、色、味俱佳，是藏族群众普遍食用的一种面食。

6. 青稞酒

青稞是大麦的一种，生长在高寒地区。制青稞酒时，将打碾去壳后的青稞粒用清水淘净，倒入锅中煮熟，用漏勺或竹滤舀到竹篮、木槽或案板上，将热水控干，待温度降到适度后拌入曲子，然后装入陶瓷做的容器里或木盆里，加盖并用泥巴封口，置于炕角处恒温发酵，一般需要7—10天，根据情况启封取糟，此为制作青稞酒的原料。把酒糟置入木桶或小陶罐中，掺入冷开水，冲稀，调拌，其汁液呈淡黄色，就是黄酒，酸甜醇美。把通心竹竿插进罐内直接咂吮，叫咂酒或罐罐酒。也可在木桶底部预留一个竹眼，用细管连接内外，让黄酒流入容器内，舀到碗里再喝。

7. 酸奶子

酸奶子又叫窝奶，是将刚挤出的鲜牛奶汁滤掉杂物，倒进锅中煮沸后，舀入盆、罐等容器内，待温度降至40—50℃时，将酸奶酵头放入其中搅匀，放置在温度较高的地方发酵。几小时后，待牛奶凝固成嫩豆腐状即成。奶香中带有酸味，清凉可口，具有降暑、开胃等功效，食用时如再加上白砂糖，酸甜适度，鲜香可口，是夏秋两季的高级饮料。

8. 酥油茶

将熬好的茶水滤出茶渣，倒入预先放有酥油、食盐的特制小木桶内，再倒入鲜奶反复搅动，使酥油和茶水溶在一起，呈金黄色即可，然后装入壶内，放在温火上保温，以便随时趁热取饮。酥油茶是一种档次较高的饮料，也叫酥油奶茶，多在逢年过节或招待尊贵客人时饮用。

（四）婚恋习俗

甘肃藏族集中居住区内藏族青年男女的结婚习俗，各地虽有一定的地域差别，但主要程序和礼仪大体相同。一种是奉行"父母之命，媒妁之言"，由父母做主包办，父母有养育和解决子女婚姻大事的责任，子女也有孝敬和服从父母的义务，父母定的婚事子女一般不能反对。另一种是青年男女自主选择配偶，当男方看中女方的人品、长相、手工、针线等后，便主动找机会接近女方，通过双方接触、交谈，或通过对唱情歌的形式相互了解后，男方须先告知父母，征得父母的同意才能确定恋爱关系。

1. 父母包办

父母包办婚姻是一种传统的结婚方式，需要举行公开而隆重的结婚仪式，主要通过以下几个程序来完成。

选偶。在婚嫁选偶时，男女双方要相互选择，包括对男女青年本人的选择和对其家庭经济状况的选择。选择的标准既要看对方的相貌是否端正，身体是否健康，是否有操持家务的能力，还要打听对方的家族是否健康、有无疑难杂症，是否是正派人家（指不是盗贼、骗子、不务正业等）。如果男方父母选中某家女子做儿媳，要先请喇嘛卜算，根据双方的年龄、属相确定能否作亲，认定后方可请媒求婚。

求婚。求婚时由男方请自家亲友或熟知女方父母的人作媒人。找好媒人后，媒人带着男方的父母或其他直系亲戚，携带一条哈达，提上一铜壶或一陶罐青稞酒，并在容器上系条红线绳，在盖沿抹上三点酥油，一行人（一般为单数）前往女方家正式求婚。求婚者一行一到女方家，女方家便知其意，并做好了准备，以礼相待，并请来本村相好的邻居和直系亲戚。这一天，姑娘不能让男方家的任何人见到。求婚的人进了女方家后，由媒人向女方父母介绍男方家的一切情况，如父母年龄、家庭状况、经济来源、人口多少以及男方的职业、属相等，并把提来的酒放在堂屋家神前的柜子上。媒人便说姑娘已长大成人，到了出嫁的年龄，属相与男方小伙子相合，并劝说一番成全这门婚事的好处，提出何时定亲为好，还要请求女方父母和其他亲戚快把求婚的酒喝了。女方家为了慎重起见，一般当天不答应男方提出的任何请求。无论是否同意均留下礼品，求婚者一行留下礼品便返回男方家，等待答复。此后女方家父母商定若不同意作亲，在期限内便把男方家送来的哈达和酒原封退还，男方家一见退礼便知亲事无望，遂作罢，另选目标。如果女方父母决定同意这门亲事，有的当面开瓶共饮，表明态度；有的等数日后再请来亲戚打开送礼酒共饮。席间，女方父母或兄长还征求亲戚对这门亲事的意见，亲戚们多数是随主人之意，偶有提出不同意见者也未必会被采纳。待喝完礼酒，将酒壶或陶罐退还男方家时，男方家已明白其意，等于收到了女方家同意作亲的通知。

　　订婚。当男方家接到女方家同意作亲的信号后，便积极准备择吉日举行订婚仪式——喝大酒。一般要事先取得女方家的同意，才定吉日。在男女双方算好的吉日里，男方家选派本族中有威望的长辈、求婚的小伙子同媒人等一行人携带订婚的礼品，于天亮前赶到女方家。礼品有哈达、大罐酒、铜锅、铜火盆或氆氇长袍等礼物，还可拿上牛羊猪肉、油饼、花卷或馒头以及水果、糖茶等礼物。益哇乡境内还要给女方母亲送一头奶牛。这天，女方家一般不做丰盛的准备，主要吃喝是由男方家送来的。订婚的主要成员是双方直系亲属和关系较好的左邻右舍。男方一行拿着东西一到女方家，便由一位懂仪式的人将酒倒入小龙碗或酒杯里，先敬家神一杯，然后敬给女方舅舅、父母和其他客人，再由男方父母按同样的顺序依次敬酒。喝酒前，首先由女方家的舅舅或本族亲戚中有威望的长辈致祝福词。祝词内容大都为婚姻美满、家业兴旺、子孙满堂之类的吉祥话，祝词致完后，主客双方亲朋喝订婚酒。席间，双方父母和媒人商议给姑娘的嫁妆、首饰佩戴等。女方尽量多要，并且说一些抬高姑娘身价的话，如姑娘长相好、人品好、针线好，父母养大不容易、家庭很困难等，男方则尽量提出少给一些东西，这样吃着、喝着、商议着。在此期间，还有戏弄男家来客的习俗，往来客身上洒水，对歌戏谑，求婚青年还须向女方家长辈磕头认亲，媒人替男方家承诺能办到的要求。这样边吃边喝几小时后，双方父母开始商议结婚的吉月吉日。订婚仪式顺利完成。上迭部的女方家在同意姑娘终身大事后，会让她去男方家住几天，然后再商定结婚的日子。

结婚。迭部藏族的婚礼一般都在藏历正月初三、初五、初七、十一、十五等举行，也有选择其他吉日举行的，但须在农闲时节。结婚吉日确定后，男女两家都为迎亲和送亲做忙碌的准备。在结婚前三天，男方家派人将女方所要的穿戴首饰送到女方家，姑娘提前三天将男方家送来的金银首饰、佩戴妆饰穿戴好，并由母亲在村子里找一位老阿婆梳头，然后等待过门。女方家提前做好送亲的准备，并请来喇嘛念经，经语一般都是吉祥如意之词，意思是姑娘出嫁后带走了吉祥的东西，盼望姑娘走后，家中一切平安。男家迎亲的队伍由3—5人或7—11人组成，以奇数为吉。迭部县东部地区，除新郎、媒人外，还有本村擅长对唱的同辈妇女，以随机应付对歌场面。新郎牵着迎亲马匹，驮上酒肉礼品于吉日前一天赶到新娘家。迎亲一行人在快进入女方家村子时，聪明的歌手就把酒提到手里，做好各方面的准备。女方家在村口、村内、大门外三处堵棘设卡，全村男女老少埋伏在进道两旁，堆土待撒。迎亲一行人每闯过一道关卡，都要费很大劲，媒人在前奋力清扫每一道火焰冲天的棘堆，歌手随后向设卡抛土的男女老少敬酒求饶。媒人带领新郎一行前进冲到女方家门口时，女方家却大门紧闭。这时，歌手也赶到，于是一场论"道"对答开始了。按习俗，双方全用歌对答，对答时，旁边放一桶冷水，赢者往输者头上浇冷水。男女双方随机应变，都设法难倒对方以取胜。

2. 自由恋爱

《婚姻法》保障了婚姻自由，青年男女在共同的学习和劳动中自由交往、自由恋爱，婚姻大事由自己做主。已成年的青年男女不受约束，由自己选择对象，若双方情投意合，相互馈赠信物，表示订婚。这种自由做主的结婚也比较简单，男女双方商定后由男方选定吉日，新郎邀请亲友数人帮办，将新娘接到男家成婚了事，无须大操大办、兴师动众。

三、文化艺术景观

（一）寺院法舞

法舞是各佛教寺院以佛事活动为目的，由本寺众僧跳的一种尊神行法的团体神舞。在迭部，格鲁派寺院一般在藏历正月十四、十五、十九和五月十五法会期间或其他较大佛事活动之日跳法舞。本教寺院在藏历正月初八、初九、十三、十四等佛事活动之日跳法舞。表演法舞的僧众身着古戏装，头戴神像面具，足蹬高腰藏

图 4-11
寺院法舞

靴，其规模及参演人数按各寺院历年跳法舞的人数确定，十几人至五十人不等，各寺院都有较严格的规定，除表演者外，还有不同规模的僧乐队。

（二）摆阵舞

摆阵舞是流行于甘肃藏族集中居住区一带的民间歌舞，是由全村男女老少集体表演的一种舞蹈，大都在寺院庆典活动和春节等传统节日期间举行。

在表演之前，全村男女老少都须穿上新装、佩戴饰物，到村中麦场或周围宽阔的空闲场地集合。每家都要有人参加，有些家中成员几乎全部参加。这一天，即便是在外工作的男女都要回家，不能参加表演的人，可做些服务工作，临近村子的人也会前来观看或者参与其中。

（三）罗罗舞

罗罗舞，藏语称"甲让"，即围着圆圈载歌载舞之意。参加者主要以本村的妇女为主，一般在新年或其他隆重的节日期间演出，地点在麦场或院落。

罗罗舞的基本形态是大家手拉手转圈唱歌跳舞。表演时，一行妇女紧挨在一起，肩并肩、手拉手，围成一个圆圈，其中一人手持一串马铃站在排头，先领唱一句，众人附和一句。马铃原是拴在马脖子上的铃铛，在行进中可以发出铜质的声响，使人在黑夜中可判断马所在的位置。后来在生活中，人们发现马铃声使生产场景变得生动，以马铃声提示音乐节奏，能真实地体现生活的情景。跳罗罗舞时，上身基本不动，右脚先向右跨出一步，左脚随即跟上并合，拉成一串的手臂自然摆动起来，再自然落下去，接着再重复上一个动作。人们动起来后，身上佩戴的耳环、银盘、珠子等饰物相互摆动碰撞，发出整齐的节奏声，是天然的伴奏乐器。洛大一带跳罗罗舞时，领头者手提一串马铃，其余人双手提手帕，右脚向右跨出的同时，两手捏着手帕抬至胸前，左脚随即跟进的瞬间，抬起的手臂随之放下，再依次抬脚移动、重复举帕。节奏由慢渐快渐急，情绪由徐缓再到热烈，达到高潮时，又恢复原来的形态。

第五节
甘肃藏族集中居住区传统村落的保护与发展

一、保护与发展的现状

（一）保护方式与模式

根据甘肃藏族集中居住区传统村落的地理位置、经济基础和社会文化条件，在宏观层面，保护方式以改造、改建或再开发、整治和维护为主，遵循"保护与发展""完整与平衡"两大原则。[1]

1. 保护方式

改造、改建或再开发，即以开拓村落现有空间为目的，在适当改造现有村落环境的基础上，增加新的内容以提高环境的质量。在旅游发展的大环境下，这实际上是对传统村落的大规模房地产开发。

整治，即对现有村落空间布局做细微的调整，旨在对村落环境进行合理的规划利用。

维护，即维持传统村落原有的空间布局，基本不进行改动。

2. 保护原则

保护与发展原则。"保护"这一概念已经不仅仅局限在对传统

---

[1] 吴良镛.北京旧城与菊儿胡同[M].北京：中国建筑工业出版社，1994.

村落建筑、生态等物质景观的留存修复，还包括对宗教、民俗和艺术等非物质景观的保护传承。从单一维度向经济、文化和环境的多维度转变是甘肃藏族集中居住区传统村落活化利用的前提，也是其顺应时代发展的必然要求。

"发展"的内在含义是依托甘肃藏族集中居住区的自然、人文优势，合理调配土地资源、人力资源和资金，开发利用传统村落的可再生资源，这是保护与发展的关键。

近些年来，一些传统村落打着保护与发展的招牌，大肆破坏土地资源，占用居民耕地、破坏古旧建筑、兴建现代宾馆，这些无视土地性质进行的不合理开发阻碍了传统村落的可持续发展。保护与开发如何协调，最根本的是生产方式和产业结构的转变。

完整与平衡原则。这一原则主要强调传统村落空间布局、社会功能和建筑环境的完整，新与旧、经济效益与社会效益之间的双向平衡。

甘南传统村落的整体布局是随甘南州的历史变迁而逐渐形成的，既浑然天成又处处体现着人工雕琢的痕迹，体现着甘南山原区、峡谷区与山地丘陵区的地貌类型，也散发着各民族文化融合发展的魅力。因此，在进行古村落保护与发展的过程中应遵循原有的格局和结构，实现传统村落新生肌理与原有肌理的完整。[①]

3. 保护模式（分区保护——以卓尼县尼巴乡尼巴村为例）

"尼巴"藏语意为"阳坡"，旧尼巴村位于车巴河北岸的向阳山坡上，建筑均为历史悠久的藏式木构板房，木质栈道沿阳坡山体修

---

① 康健.古村落保护与发展模式研究——以段村为例[D].太原：太原理工大学，2008.

建，飘动的经幡和密集的木架杆显现出鲜明的藏寨特色。车巴河南岸为用传统建筑材料修建的新尼巴村，新旧两村之间由三座桥相连，在中间的扎接桥南侧建有玛尼房、转经房和白塔。

根据分区保护的思路，整个尼巴村可分为玛尼房—白塔核心区、北岸百年藏寨区、阳坡山体栈道区和南岸风貌协调区。

玛尼房—白塔核心区是尼巴村村民的公共活动区域，应该被列为核心保护区，确保该分区内的传统建筑、植被保持原貌，不进行除修复保护以外的规划开发任务，延续传统玛尼堆的特色。

北岸百年藏寨区应该被列为重点保护区，对仍发挥居住功能的木构板房"修旧如旧"，劝阻居民使用水泥、红砖等现代建筑材料进行修缮。在此分区，可根据设计方案开辟旅游区域，展示天井、连锅炕、晒台等藏式住宅独有的建筑工艺和唐卡绘制等传统技艺。

阳坡山体栈道区应该被列为生态恢复区，对水土流失较为严重的地块进行植被恢复，及时对原木建造的栈道进行受力性评估，保证时建时修。

南岸风貌协调区应根据建设项目和设计方案进行协调性建设，停车场、游客中心和餐馆酒店的建设应服从传统村落的保护要求，控制建筑高度、体量、形式和色彩，保证历史文脉的延续。

总的来说，分区保护有利于保持建筑风貌，塑造地域特色，在保留传统尺度和特色空间格局的基础上，促进旅游业等相关产业的发展。

（二）保护过程中面临的问题

1. 消防安全问题

甘肃藏族集中居住区传统村落多分布在临近水源、地势平坦且土壤较为肥沃的山间谷地或冲积平原上，村民的生产生活空间较为集中，村落内的传统建筑多为以木质材料为主的藏式碉房或踏板房，未设置系统的消防设施，取暖做饭等用火行为存在较大的安全隐患。

2. 村落风貌问题

随着传统村落居民思想观念的进步和经济水平的提高，村民新建或改建原有住宅的行为处处可见，随之而来的是传统建筑技艺的遗失和建筑色彩方面的不协调，以红砖、混凝土为主体结构的房屋打破了传统村落原有的布局形态和历史风貌，特别是现代彩钢装饰材料的运用，致使村落整体风貌遭到破坏，传统村落的布局形态逐步被侵蚀。

3. 人居环境问题

甘南藏族自治州地形复杂，交通比较闭塞，大多数传统村落地处偏远，道路养护不到位，雨雪天气无法正常通行。村落生活污水主要依靠路边明沟和地表自流方式排出，对生态环境有一定的威胁。村落基础设施建设滞后，教育、医疗和娱乐不发达，青壮年劳动力短缺，部分传统民居已经长期空置，缺乏日常维护，不利于传统村落的保护与可持续发展。

第四章 | 藏蒙传统村落之甘肃藏族集中居住区

图 4-12 以木质材料为主的住宅

图 4-13 风格混杂的民居建筑

4. 发展动力问题

甘肃藏族集中居住区的传统村落大多是传统的农业型村庄，农业产出水平较低，牧业也仅能自给，人口老龄化和适龄劳动力的外流使得村落中的生产用房、农牧用地处于闲置甚至荒废状态，阻碍了村落第一产业振兴的步伐。相较现代生活而言，村落的传统文化处于弱势地位，其状态岌岌可危，考古文物、藏式建筑等物质文化遗产由于资金短缺而缺少维护，藏族服饰、唐卡制作技艺等非物质文化遗产的知情人和传承人缺乏物质环境和发展空间，难以实现复兴。

图 4-14
年久失修的老屋

图 4-15
村落中的留守老人与幼童

二、活化利用与旅游开发

甘肃藏族集中居住区传统村落中自然、人文资源富集,文化旅游已经成为传统村落寻求活化与升级的最大战略变量。一方面,旅游开发能为传统村落的活化利用提供物质基础;另一方面,传统村落活化利用也有助于甘肃藏族集中居住区文化旅游的高质量发展,为旅游者提供深厚的文化内涵和超然的旅游体验。

(一)旅游开发对传统村落活化的作用机理

旅游开发对传统村落活化的作用机理可以从以下几个方面来考量。首先,甘肃藏族集中居住区的传统村落利用高山、草原等自然资源开发观光旅游,增加村落居民的经济收入,增强他们沿袭传统文化的内生动力,提高村落基础设施的建设水平,在一定程度上逆转了村落"空心化"的趋势。其次,传统村落依托物质景观与非物质景观等人文资源发展文化旅游,能使当地居民认识到传统文化的经济价值和社会价值,促进宗教文化、民俗文化和艺术文化的延续,提高其文化自豪感和身份认同感,保留其珍贵的民族记忆。但是,甘肃藏族集中居住区的自然环境、人文条件较为脆弱,旅游开发往往会对少数民族的原生态生活方式造成不利影响。因此,因地制宜、适度合理的旅游开发才是实现传统村落活化的有效途径。

(二)传统村落活化对旅游开发的作用机理

传统村落活化是指在把握村落文化内涵和历史底蕴的基础上,

对村落物质文化遗产与非物质文化遗产进行保护传承和整合利用。在传统村落活化的过程中，以保护为前提，坚持原真性、协调性原则，必然可以促进传统村落的活化利用，使之能够在一个更为开放的领域展示魅力。甘肃藏族集中居住区所在的西北地区交通较为闭塞、经济发展较为落后，但宗教信仰原始质朴，藏族文化保存较为完好，如迭部县益哇乡扎尕那村，在修缮村落道路与建筑、完善念甘达哇神山公园基础设施和改善四村（业日村、代巴村、达日村、东哇村）人居环境之后，居民主动参与旅游经营，建设藏式踏板民宿，提供糌粑、酥油茶和牦牛肉等藏式美食，成为甘肃藏族集中居住区发展旅游业的一道亮丽风景线。因此，传统村落活化与旅游开发二者之间具有较强的互动关系，传统村落的活化升级为旅游开发提供了必要保障。

三、旅游活化案例

（一）基本情况

扎尕那村位于迭部县益哇乡西北部，平均海拔 2800 米，矿产资源丰富，有磷、煤、铜、铀、铁等；旅游资源丰富，有扎尕那原生态村落、扎尕那石林景观、扎尕那冰川、纳加石门、藏式踏板房等景点。

扎尕那村生态环境独特，当地居民创造了在河滩川水地耕种、在山地放牧的垂直立体生产模式，形成了聚落生态系统良好的区域循环，是高度适应地理环境的最佳布局，呈现出农、林、牧相互依存，优势互补的复合生态系统。2013年，扎尕那村农林牧复合系统被列入中国重要农业文化遗产；2014年，积极申报扎尕那村为民族特色传统村落，同年，扎尕那村被评为"美丽镇村"；2015年，被国家旅游局评为"中国乡村旅游模范村"；2017年，经调查考评，将扎尕那村农林牧复合系统列入全球重要农业文化遗产名录。

扎尕那全村辖业日、代巴、达日、东哇4个村民小组，共223户1601人，建有"农家乐"158户。境内有藏传佛教格鲁派寺院1座，即拉桑寺，现有经堂、密殿、观音殿各1座。

（二）基础设施建设与村落整治情况

近年来，为恢复传统村落原生态风貌，扎尕那村启动了生态文明小康村建设项目和景区景点乱搭乱建专项整治活动。已整改拆除层高不符合景区统一规划的4处三层"带帽"楼房和6处四层楼房，

图4-16
扎尕那村的自然风光

整体拆除尕固村公路边占用耕地的 1 处三层"带帽"楼房，拆除 3 处在原二层建筑物上加设的钢架结构彩钢房，整体拆除简易彩钢房 4 处、简易旱厕 9 处、牲畜圈舍 1 处，总拆除面积达 3549.12 平方米；查封新建项目 4 处，清理公路沿线、房前屋后乱堆乱放的建筑材料、排插、架杆等 103 处，拆除广告牌、废弃墙等 5 座。同时，聚焦全村 223 户群众农房整治改造，逐户制定了"一户一策"，将房屋现状进行登记，一一指明房前屋后庭院室内存在的脏乱差等问题，现已完成 223 户藏式踏板房恢复和住房外墙风貌改造工程，业日村、达日村、代巴村、东哇新村民居已全部安装藏式大门，东哇旧村 50 余户村民已购置成套大门，正在修建。

在村落环境整治方面，扎尕那村秉承"户集、村收、镇运"的垃圾集中处理的方式，结合"十户联防"工作机制，推行网格化自管化模式，各村将辖内区域划分成若干个网格，并指定专人按时负责清扫，村道巷道干净整洁。同时，通过生态文明小康村"七改"项目的顺利实施和赶学比超经营"农家乐"、提供优质旅游服务，民居庭院、户内环境焕然一新，实现了环境升级、综合整治向户内延伸的要求。

（三）旅游业发展情况

扎尕那村鼓励村民利用自身条件开展特色旅游服务，村里集体经营的摆渡车、景区饭店、停车场等收入作为集体福利，用来帮助困难群众和完善村里的公共设施。对 60 岁以上的老人，每年发放 2000 元补助；对考上大学的学生也给予奖励。骑马、牵马是扎尕那村旅游服务中的重要项目之一，马匹的安全是扎尕那村村民最为关心的问题，为此，村里统一出钱为家家户户的马上了保险，为村民提供保障。

目前扎尕那村共有农家乐158户，已办理营业执照的有116户。农家乐建设规模多为二层楼房，少数为三层楼房。

第五章

藏蒙传统村落之四川藏族集中居住区

中国传统村落文化抢救与研究
文化区系列

Chinese Traditional Villages

四川藏族集中居住区位于四川、云南、青海、甘肃、西藏5个省或自治区的接合部，包括阿坝藏族羌族自治州（以下简称阿坝州）、甘孜藏族自治州（以下简称甘孜州）和木里藏族自治县（以下简称木里县）等行政区域。四川藏族集中居住区是全国第二大藏族集中居住区，也是康巴文化的核心区。除藏族外，集中居住区内还居住着汉族、羌族、彝族、回族、纳西族、蒙古族等10多个世居民族。

四川藏族集中居住区位于四川西北部的高原地区，北与甘肃和青海相接，南与云南接壤，西部与西藏相连，东南部则与西南山地及四川盆地相接，是中国地形第一级阶梯向第二级阶梯过渡的地带，是内地连接西藏的重要通衢，自古就是"汉藏走廊"。

按照藏族集中居住区方言划分，四川藏族集中居住区中甘孜州、阿坝州（部分）和木里县为康巴藏族集中居住区，又称康区，阿坝州中若尔盖、红原和阿坝县等为安多藏族集中居住区。此外四川藏族集中居住区还分布着几个较特殊的藏族支系，如嘉绒、白马、木雅、尔苏等。嘉绒藏族主要聚居于阿坝州部分地区（包括马尔康、理县、黑水、小金、金川等市县，以及汶川和红原两县的部分地区），甘孜州丹巴县和康定市部分地区，雅安市以及凉山州等部分地区；白马藏族分布于四川省平武县、九寨沟县一带；木雅藏族主要分布于康区木雅一带（甘孜州折多山和雅砻江之间）；尔苏藏族分布于雅安市石棉、汉源和凉山州甘洛、越西、冕宁、木里等县。

第一节
四川藏族集中居住区传统村落的风貌成因

一、自然因素

（一）海拔因素

四川藏族集中居住区位于长江和黄河的源头区，属于横断山生物多样性最集中的地区，其平均海拔在 3500 米以上。海拔高度是影响村落形成的重要自然因素之一，四川藏族集中居住区地势从西北向东南倾斜，海拔从西到东逐步降低，人口分布随着海拔高度的递减而递增，因此四川藏族集中居住区的传统村落分布呈现"东密西疏"的态势。

从住建部等公布的四川藏族集中居住区入选的五批次藏族传统村落名单可以看出：阿坝州的藏族传统村落主要集中在马尔康市、理县、黑水县、壤塘县和九寨沟县，均处于横断山脉中低海拔、适宜人类居住的地区；甘孜州地势北高南低，中部突起，东南缘深切，入选的藏族传统村落主要集中在丹巴县、理塘县、白玉县、炉霍县和得荣县，也处于青藏高原东南边缘地带和横断山脉海拔较低、适宜人类聚集和村落形成的地区。

（二）地形因素

四川藏族集中居住区地处青藏高原东部和横断山脉北部，主要地貌类型为高原、山原和高山峡谷，高原集中分布于北部石渠、色达、壤塘、阿坝、红原、若尔盖一带，大体分为东、西两个部分。西部为丘状高原，海拔3800—4500米，丘间多陷落盆地，东部为高平原，海拔3400—3600米，沼泽分布甚广；高原以南是山原，为高原向山地的过渡地带，海拔3300米左右，地势起伏增大；再往南为高山峡谷地区，山高谷深，河谷与山岭的相对高差为1200—3000米，最大可达6000米。

传统村落多分布在高山峡谷的河谷、丘状高原的丘间盆地等地带。这些地方地形相对平坦、土壤比较肥沃、水热资源丰富，适宜农牧业发展，从而吸引人类聚集和繁衍，渐渐孕育和发展为村落。这些地方面积较小，且要么两面环山，要么四面环山，古时交通不便，房屋建造成本较高，因此传统村落的规模均较小。受地形的影响，村落的建筑体量不大，村中道路狭窄，场地和院落较少。水是人类生存必需的物质来源之一，所以人们将村落选址在河谷平地或平整的台地，民居沿河流呈带状分布，或沿沟谷两边的山坡，依山而建，有的呈扇形分布，有的呈散点分布，因山地高低落差形成多体量错台状组合。村落建筑就地取材，以当地特色石材为原料混合泥土、植物、动物粪便等进行夯砌，结合当地木材，形成独特的藏式土木结构建筑风格。如甘孜州得荣县阿洛贡村位于金沙江峡谷底部，村民开沟建渠、修建梯田、种植红米水稻，形成了沿呷优谷亩和农共两条溪流而居的格局。

（三）气候因素

在影响传统村落的自然因素中，气候的影响是长期的、稳定的、广泛的。其从温度、湿度、降雨（雪）等方面产生影响，反映在建筑形式、建筑朝向和间距、农业种植以及畜牧等方面。四川藏族集中居住区作为我国第二大藏族集中居住区，海拔落差大，地形条件复杂，气候类型多样。东南部高山峡谷区地表起伏大，高低相差悬殊，谷底属于暖温带和温带气候，垂直气候带明显，形成"一山有四季、十里不同天"的气候环境；河谷中受印度洋南来季风影响，气候温润，一年中无霜期可达190天左右，村民以农业为主，种植水稻、小麦、玉米等，可一年两熟或两年三熟，但耕地面积不大；半山多种植核桃、苹果、梨、花椒等经济作物。中部和南部的山原区属于温带气候，是本区青稞等粮食主产区，但由于年仅一熟的收成和低产量不能满足村民生活所需，家家几乎都牧养牛、羊等，为半农半牧区。在德格、甘孜、炉霍、道孚、巴塘、马尔康等宽广的河谷山原地区，肥沃农田和广阔平地吸引村落聚集，渐而发展成区内主要的城镇和商品集散地，一些大寺庙也开始聚集，成为区内宗教和文化中心。西北部为寒温带气候，年平均气温多在0℃以下，无绝对无霜期，不宜农作，但水草丰茂，有大片优良的天然牧场，是我国五大牧区之一，村民逐水草而居。

以甘孜州为代表的康巴藏族集中居住区，气温低、冬季长、降水少、日照足是其主要气候特点。特殊的气候条件，造就了康巴藏族集中居住区独特的多元化民居建筑特色。受强烈日照的影响，建筑屋顶多为平屋顶，以女儿墙压顶，屋顶做晒台或二层留有露台，墙体收分明显，如乡城白藏房，康定市、丹巴县等中心区域的石砌藏房。但近年来，随着藏族集中居住区与内地经济、文化交流密切，受汉族文化影响，加上饱受冰雪天气困扰，部分地区开始加建坡屋顶，如道孚县、炉霍县、色达县等地的村民用黄泥、植物、动物粪便等夯制底层墙体，在二层采用井干式结构进行搭建，形成特色井干式藏族民居建筑风貌，其采用的便是坡屋顶，使用彩陶瓦或合成树脂铺顶。

二、文化因素

（一）历史因素

四川藏族集中居住区地处五省（区）交界处，跨康区和安多两大地理区域，拥有极为特殊的政治地位和战略重要性。在我国民族地区中，四川藏族集中居住区属于最早设置管理机构的地方之一。秦代在今阿坝州境内设湔氐道，汉武帝开发西南夷，设汶山夷、甸氐道和沈黎郡，此后，四川藏族集中居住区的郡县历有兴废。

唐代，吐蕃崛起并向东扩张，四川藏族集中居住区成为唐蕃争战的主战场，双方在本区的一些战场和屯兵驻军地后来发展成为今天的传统村落，如阿坝州理县的甘堡藏寨、阿坝州九寨沟县英各村等。甘堡藏寨的历史可追溯至唐代，历史悠久。唐时，此地属维州管辖，因地形优势成为贞观年间理县一带唐蕃战争中两军争夺的军事要塞。当时，吐蕃攻占了今嘉绒藏族地区的大部分，后因内证，四分五裂，一些不能回西藏的士兵便在此定居下来，与当地名为"哥邻"的土著居民相结合，成为今嘉绒藏族的祖先。屯兵文化具有较高的研究价值和观赏价值，使甘堡藏寨具有厚重的文化内涵，成为千里藏羌文化走廊上的一颗璀璨明珠。

唐末，吐蕃崩溃，四川藏族集中居住区内分布着许多"各不相率"的部落。五代时，为羁縻四川藏族集中居住区各部，曾招抚一些部落首领并授以安抚使、宣抚使等职衔，这成为四川藏族集中居住区土司制之开端，也是土司制的雏形。宋时设郡羁縻州县，并通过茶马互市的纽带保持着政治羁縻关系。元朝，朝廷将全国藏族集中居住区分为三个宣慰使司都元帅府管辖，四川藏族集中居住区分属吐蕃等处宣慰使司都元帅府和吐蕃等路宣慰使司都元帅府。自此，土司制度正式在四川藏族集中居住区建立，并延续了600多年。这些土司的官寨所在地成为当时的政治、经济、文化中心，吸引人们聚集和定居，进而形成村落、城镇。随着清朝在四川藏族集中居住区实施"以流制土""土流兼制""土屯并行"等统治措施以及清末的"改土归流"，一些土司没落，其所在地也不再是政治、经济和文化中心，一些官寨村落受现代文明侵蚀较少，从而成为传统村落，如阿坝州小金县官寨村、马尔康市卓克基藏寨等。小金县的官寨村位于阿坝州小金县城以东沃日镇，距四姑娘山景区35千米，是沃日土司官寨所在地。沃日土司官寨历史悠久，建筑风格独特，形成了极具特色的村落建筑群。

(二)宗教信仰

四川藏族集中居住区普遍信仰藏传佛教。区内藏传佛教的分布呈现出由北向南、由西向东递减的趋势,各教派共融共存,四川藏族集中居住区名寺数量众多。一些藏传佛教寺院既是当地的宗教活动中心,又是政治、经济中心,渐渐地,人们开始在寺院四周修建房屋定居,形成村落或城镇,如阿坝州马尔康市草登乡代基村、马尔康市大藏乡春口村,甘孜州甘孜县麻达卡村和根布夏村。代基村民居依山而建,与草登寺融为一体,相辅相成。春口村的克莎民居散布在山间水边,环绕着村中的大藏寺,成为古老而独特的建筑活化石。麻达卡村沿甘孜寺东南修建,根布夏村位于甘孜寺脚下,它们都是甘孜州乃至整个藏族集中居住区保存较为完好的古村落。

图 5-1
甘孜州甘孜县麻达卡村远眺之景

(图片来源:四川古镇古村落数字博物馆供图)

（三）汉藏经济交流

在我国历史上，以茶马互市为代表的汉藏经济交流，对四川藏族集中居住区村落的形成与发展起到了极为重要的促进作用。四川藏族集中居住区在历史上是川藏茶马互市的主要孔道和汉藏贸易的枢纽口岸，是把历史上的茶马互市发展为全面的汉藏经济交流、互补贸易的源头地区，如康定（古称打箭炉）、松潘等地自明代起就已成为茶马互市的重镇和主要集散地。

茶马互市的路线大体有青藏、川藏和滇藏三条。最初以青藏线为主，当时的松潘成为交易中心之一。后来，由于藏族人更加喜欢雅州（今雅安）和名山等地的川茶，云南茶叶也进入康藏市场，加之西北战乱较多，互市的中心逐渐南移至雅安、汉源、康定、大理、丽江和中甸等地。当时川藏线的茶马互市主要有两条线：一条是南线，即雅安—理塘—巴塘—昌都—拉萨；一条是北线，即雅安—康定—道孚—炉霍—甘孜—玉隆—柯鹿洞—德格—金沙江—昌都，后与南线会合至拉萨。在这些路线中，从雅安到康定段俗称"大路"，由此道进入康定的茶亦被称为大路茶；此外，有学者指出，明洪武年间因岩州设市，又开通了一条从天全通往泸定岚安的茶道，该道俗称"小路"，沿此道运往康定的茶亦被称为"小路茶"。随着茶马互市的兴盛，出现了一些地理位置优越的通商口岸，并设立驿站，村落也慢慢形成，如甘孜州甘孜县根布夏村和麻达卡村、泸定县岚安乡昂州村等。根布夏村和麻达卡村是明末清初的茶马互市大驿站。岚安乡是位于川西旅游环线上的古代茶马古道重镇，而昂州村位于岚安腹地。昂州村因明代茶马互市的设立，其传统村落的布局功能初见雏形，成为"小路茶"千里茶马古道的一个重要节点。

三、社会因素

　　据史料记载，以及在四川藏族集中居住区发掘的一些石棺葬文化遗迹推断，目前居住在四川藏族集中居住区的人们主要是通过两次迁徙而来的：一次是史前从羌塘高原的迁徙，一次是春秋至秦汉时期的迁徙。在较早的史前时期，由于青藏高原自然条件的变化，居住在中原西北部地区的游牧部落羌人逐渐集中到藏北的羌塘地区，在这里，这群远古人类驯养野牦牛、山羊、马匹和狼犬，高原上有了牦牛、羊、马和犬等家畜。他们不断繁衍，其儿女们走向四方，成为中亚各地民族的"族种之源"。随着海拔逐渐升高，青藏高原变得高寒、干燥，于是这群古羌人不得不离开藏北向其他地方迁徙：向东的一支散布到黄河中上游的甘青一带，成为春秋至秦汉时期羌人的祖先；更东的一支进入中原为炎帝族，成为中原汉族的来源之一；向西的一支一直进入青藏高原腹地的阿里和雅砻河谷，成为雅隆部和象雄部落的祖先之一，特别是雅砻河谷的羌人和当地的土著结合，形成戎、羌、堆、博诸部落，后以雅砻河谷的博为中心，形成吐蕃部落，在唐朝统一了青藏高原，成为藏族的祖先之一；向西北的一支进入新疆和中亚地区，成为以后河西走廊等西北各民族的祖先之一；向南的一支到横断山的山谷和雅鲁藏布江流域，成为西南各民族的最早祖先。春秋战国时期，羌族开始形成。战国时期，秦人与西部游牧部落征战频繁，秦献公时期，与羌族多次激战后，羌族战败，被迫迁徙，主要有四支迁到藏南地区的发（音"博"）羌，后来与当地土著融合，成为吐蕃的祖先之一；迁到武都地区（今甘肃西和西南地区）的参狼羌，一些成为后来党项、白狼等羌人的祖先；迁到广汉（今四川广汉和川北地区）的白马羌，后成为蜀人的祖先之一；迁到越嶲（今四川越西）地区的牦牛羌，主要沿大渡河南下，成为后来彝族、康区诸部落以及西南藏缅语系民族的祖先。由于东部农业文明已较强大和西部的高山阻隔，羌族以南迁为主。

四川藏族集中居住区处于汉藏走廊或藏羌彝走廊的核心地带，历史上前述的羌族南迁，越、濮系民族北上，藏族东来，汉族西进，大都经过此区。多族群在本区内流动、汇聚、居留、融合、分化，使四川藏族集中居住区形成族群众多、族源复杂、血缘交融的鲜明特点。也正是由于此，本区内的各民族已很少保持单一的文化特点。如今天生活在岷江上游的羌族，在语言、服饰及生活方式上均可以看到明显的汉文化成分，也有不少藏文化特点。一部分羌族信仰藏传佛教，而有的藏族则和羌族一样，有白石信仰习俗，汶川一带的藏族受汉族影响，也有关刀会和牛王会，并信奉灶神。这样多民族文化融合的特点不仅体现在信仰、语言和服饰上，也体现在建筑上，在今天的一些藏族传统村落中，或在一些藏寨中，常常会看到一些碉楼，羌语中称为

图 5-2
甘孜州丹巴县
梭坡乡古碉群

"穹笼"，是羌族建筑的一大特色。如甘孜州丹巴县中路乡克格依村、梭坡乡莫洛村等，这些村落是藏羌彝走廊上独具特色的藏羌文化交融的原生型文化村落，其中中路乡克格依嘉绒藏寨群在 2007 年 12 月荣获第一届中国景观村落称号。丹巴素有"千碉之国"的美称，全县现存古碉楼数量种类之多，建筑之奇，堪称全国之最，世界罕见，而丹巴的克格依嘉绒藏寨群种类繁多，特色明显，颇具代表性，这里的碉楼主要包括隘碉、烽火碉、寨碉、家碉，尤以家碉、寨碉为多。克格依嘉绒藏寨群的碉楼建筑距今已有千年历史，古碉楼的建筑年代为唐代至清代，规模宏大，类型多样，建筑技艺高超，具有极高的美学、社会学、历史学、民族文化学价值。

第二节
四川藏族集中居住区传统村落的地理分布与类型

一、地理分布

截至 2019 年，四川藏族集中居住区入选中国传统村落名录的村落共 126 个，其中均为藏族聚居或以藏族为主的村落（不包括多民族杂居的聚落）共 100 个。

在这 100 个藏族传统村落中，阿坝州有 26 个，甘孜州有 71 个，木里县有 3 个，由于甘孜州为三州（县）中唯一一个完全的藏族聚居区，因此四川藏族集中居住区的传统村落主要分布在甘孜州境内。

从分布的县市来看，嘉绒藏族聚居的丹巴县和藏族人口占 90% 以上的理塘县拥有的传统村落数量在 20 个县市中居前两位，其次是白玉县、马尔康市，紧随其后的是炉霍县、得荣县、壤塘县、九寨沟县、黑水县，稻城县、甘孜县、色达县数量较少，仅有 4 个，木里县、德格县、乡城县、理县、松潘县、石渠县、金川县、小金县数量更少，仅有 1—3 个。从各市县的海拔高度来看，四川藏族集中居住区的传统村落集中分布在甘孜州西南部和中部、阿坝州中部以及凉山州西北部木里县等地理区域。

二、村落类型

对传统村落的分类，目前学术界还没有形成统一的标准。学者们对历史文化村镇类型划分标准也不一致，有的根据综合特色划分，有的根据村镇的差异性功能划分。不管学者们选择何种标准进行划分，这些标准都是从影响村落产生、发展、传承和没落的因素中选择的，包括自然因素和人文社会因素。结合前述的四川藏族集中居住区独特的地理位置和地形地貌及传统村落风貌成因的探析，可以看出本区内的传统村落是典型的山地聚落景观，同时，在所有这些影响村落风貌形成的因素中，地理环境的作用是最主要的。故本章将四川藏族集中居住区传统村落所处的地形作为主要的分类原则，把本区内的传统村落又细分为河谷平地型村落、山地缓坡型村落和高山台地型村落三类。

（一）河谷平地型

河谷平地型村落呈条带状或块状分布在区内金沙江、大渡河、岷江、雅砻江、大小金川河等河流流经的河谷地带，村落规模相比其他两种类型的村落较大，如车马村、德西一村等。村落选址一般遵循背山面水或背山环水的原则，多分布在河流附近的台地或山麓平坦的塬地上，如西索村、直波村等。村落日照年时数较长，年平均气温在10℃以上，降水量丰富，气候温和，以河谷种植业为主，如位于沃日河河谷地带的官寨村以农业为主，尤以苹果产业最为出名。此类型的村落与外界联系较为便利，经济发展水平较高。

图 5-3
阿坝州马尔康市西索村

（二）山地缓坡型

山地缓坡型村落呈阶梯状、散点状或团状分布在区内山脉的山腰缓坡地带或一些山中台地地带，房屋一般坐北朝南，便于接受阳光，村落规模受地形地势影响，一般较小，面积不及平原村落的二分之一，如加斯满村、苗州村等。村落地理位置相对较好，年日照时数长，年平均气温在13℃以上，降水量较多，属季风气候，生产方式以农牧结合发展为主，

图5-4 甘孜州丹巴县甲居藏寨

属于半农半牧地区，如林坡村、布康木达村等。此类型的村落与外界联系的便捷度较低，经济发展水平也不高。

（三）高山台地型

高山台地型村落多集中分布在区内高山地形中高山顶部夷平面的台地或平坝地带，大多为山脊所在地，村落格局与平原地区的村落相似。由于该地带可用地面积较少，民居数量不多，村落规模一般较小，甚至存在几户人家

图 5-5　甘孜州丹巴县莫斯卡村

便组成一个村落的现象，如帮帮村、边坝村等。村落海拔较高，一般在3000米左右，夏季温度低，冬季寒冷且漫长，年平均气温在5℃以下，降水量少，属于高原山地气候。生产方式以农牧业结合或以牧业为主，如莫斯卡村海拔3900米，被三座大雪山环抱，是一个良好的高原牧场。丹巴县妖枯村也属于此类型村落，位于海拔3000米左右的高山地带，地理位置较为偏僻，自然环境恶劣，为数不多的藏族民居散布在起伏的山地上。此类型的村落交通条件极差，对外交通不便，与外界联系很少，经济发展水平较低。

第三节 四川藏族集中居住区传统村落的物质文化景观

一、村落的室外空间类型及其特征

（一）聚集空间

由于受到地形条件的限制，四川藏族集中居住区的传统村落普遍布局紧凑，争取在有限的空间上建造更多的建筑物，故而村民的室外聚集空间普遍偏少和偏小。通过对一些传统村落的走访调查，发现当地村民室外聚集空间主要是村委会院坝，以寺庙、白塔为主的宗教活动场所，一些地势较平坦的平地，如丹巴县中路乡波色龙村。

（二）交通空间

同样受到地形和地势的影响，四川藏族集中居住区中山地缓坡型和高山台地型传统村落的入村道路普遍狭窄，仅容一辆小车通过，且蜿蜒曲折盘山而上，两旁绿树成荫，风光秀丽。本区中一些依托茶马互市建立起来的传统村落则依托茶马驿道和商道进行布局，这些驿道和商道便成为村道的重要组成部分。村落中碉碉相连为街，间隙为巷，街巷比入村道路更窄一些。这些道路主要以水泥路为主，且通往村落中的各家各户，普遍实现了公路和入户路硬化。一些传统村落由于进行旅游开发或幸福美丽家园建设，对入村道路和入户道路进行了拓宽和翻修，如阿坝州松潘县川主寺镇的林坡村投入38.05万元进行幸福美丽家园建设，建成4米宽的水泥路1000米、1.2米宽的入户路800米。

（三）游憩空间

通过对一些传统村落的走访调查，发现区内大多数村落几乎没有游憩空间，当地村民更多的是饭后在村中公共场所和村道上散步，不像平原地区的村落一样建有专门的广场或公园等。但是村民会在一些特定节日（一般在每年的藏历七八月份），穿戴鲜艳藏服阖家而出，一般以村为单位，去村旁的山坡上耍坝子，也就是汉族所说的春游。村民或搭白帐篷或野牧、野餐、喝酒、唱歌、演藏戏、跳锅庄等，一般持续1—5天，有的甚至会持续半个月左右。

（四）其他室外空间

1. 神山

崇拜自然是藏族先民原始宗教观念的产物，他们对山的崇拜格外痴迷且锲而不舍，他们认为所有的山都是神的化身，都能显示神奇的力量。每个村落都会把特定的某座山尊为神山，并进行朝拜。当地居民或三三两两结伴或独自一人前往神山坐落之处绕山叩拜。

2. 玛尼堆和玛尼墙

在四川藏族集中居住区，人们常常会在十字路口、湖边和村寨出入口用石头或石块堆砌成长宽各丈余的塔或矮墙，石块上大都刻有"六字真言"、慧眼、神像或吉祥图案，石堆上还挂有经幡，这

图 5-6
玛尼墙

样的石堆便称为玛尼堆或玛尼墙,以玛尼堆最为普遍。玛尼堆在藏语中称为"朵帮",九寨沟地区因信奉本教,称之为"牙则"。玛尼堆是藏传佛教的设置物之一,是祈祷法物,也是转经场所。村民每经此堆,会捡起一个小石块放于玛尼堆上祈福,并口念"六字真言"顺时针绕堆三圈,九寨沟地区的村民则逆时针绕堆三圈。

二、村落里的建筑景观

建筑体现了人们在长期的生产和社会实践中创造和积累的丰富经验。四川藏族集中居住区传统村落的建筑景观,其风格和结构是在当地独特的自然环境和多民族文化融合,尤其是和建筑文化融合的影响下形成的,体现在民居建筑、宗教建筑、碉楼建筑和一些桥梁建筑方面。

(一)民居建筑景观

四川藏族集中居住区的民居建筑被游客们誉为"文化名片",被建筑学、民族学等学科专家誉为"活着的化石标本",可见本区内的民居建筑具有超强的吸引力,备受大众青睐,主要源于其鲜明的地域性、深刻的内涵以及多样的造型。四川藏族集中居住区的民居建筑历史悠久,最早可追溯到新石器时代土著先民的砌石建筑,后随着社会不断发展演进,区内民居建筑在保持自身文化传统和建筑风格的同时,不断吸收其他地方的建筑文化因子,不断创新和发展,并世世代代流传至今。四川藏族集中居住区的民居建筑地域性明显，无论是外部造型、结构类型还是总体色调搭配、门窗等细部处理，总能看到各自的不同之处。

1. 嘉绒藏族民居

嘉绒藏族主要聚居于阿坝州部分地区（包括马尔康、理县、黑水、小金、金川等市县，以及汶川和红原两县的部分地区），甘孜州丹巴县和康定市部分地区，以农业生产为主。这些地方的人们用当地特色石材为原料，混合泥土、植物、动物粪便等进行夯砌，为石砌农房建筑，平面造型多呈L形，坐北朝南，建于向阳避风的坡地。墙体由片石夯砌且收分明显，墙体基宽顶窄，墙面略成梯形，建造巴苏式雨搭分层线。房屋逐级退台，设置二层露台，采用平屋顶，顶部以月牙形女儿墙压顶，空间视觉效果特别好。采用藏式木花窗、巴苏式雨搭，窗框搭配藏式彩绘，选用藏式大门，门框顶部设三层

图 5-7
甘孜州丹巴县中路乡
嘉绒民居

巴苏式雨搭装饰，采用斗拱。层数较多，一般为三层，高者可达七层，少数可达九层。屋顶四角各放置一块白石，且屋顶平台靠山的一方用白石砌一个鼎状物，上面放置陶罐，供人们祈福。民居内部各层用途分明，最底层一般圈养牲畜，但由于新农村建设，此功能已消失，现最底层多用来放置生产生活用品；二层为生活区，主要设客堂、厨房和火塘；三层为卧室区，最顶层则是家中经堂所在。

2. 乡城白藏房

甘孜州乡城县及周边县的特色白藏房是四川藏族集中居住区民居建筑中的一颗明珠，是当地村民长期生产生活实践经验的结晶。白藏房以康区建筑为基础，吸收汉族和纳西族等民族建筑艺术特点进行修筑，自成建筑风格和建筑体系。白藏房属于梁柱承重型的土木结构式建筑，墙体用湿度适宜的普通泥土夯筑而成，有明显的收分，外侧呈内斜状，内侧垂直，平整光滑；房屋整体为梯形，建造巴苏式雨搭分层线，采用平屋顶，有女儿墙压顶。采用藏式木花窗、巴苏式雨搭，窗框搭配藏式彩绘，选用藏式大门，门框顶部设三层巴苏式雨搭装饰，采用斗拱。每年在传召节前一个月左右，村民用水和当地特有的阿戈土进行搅拌制作白色泥浆，然后将泥浆盛在浇灌器具中，从墙头由上而下浇淋墙面，直至墙面变成白色。这样除了使墙体美观和防雨外，更重要的是用于人们祈求幸福吉祥。传说每浇淋一次，相当于点上一千盏酥油灯，诵一千道平安经。和其他藏房一样，白藏房层数较多，一般有五到六层，各层功能分明，最底层为牲畜棚，二层为生活区，设有厨房、客厅、卧室、经堂，三到五层大都用于晒粮食。随着人们生活观念的改变，当地人逐渐讲究"人畜分居"，最底层也开始供人居住了。

图 5-8
乡城白藏房

3. 井干式藏族民居

这一类民居多分布在甘孜州炉霍县和色达县等地区，融民族风情与建筑、绘画、雕刻艺术为一体，堪称四川藏族集中居住区一绝，且随着天然防护林工程的实施，此类"大木屋"难以再造，因此这一类型的藏族民居弥足珍贵。此类民居有纯藏式和藏汉结合式两种，以纯藏式居多，不管哪种结构，典型特征都是白墙红（棕）壁花窗，"品"字滴水檐，一楼一底或二楼一底，排列有序。这些地区的居民喜用黄泥、植物、动物粪便、片石等夯筑底层墙体，再在二层采用井干式结构进行搭建，形成独具特色的井干式藏族民居，藏语称为"崩空"，又称为木楞。房屋依山傍水，坐西向东，外形多为四方形，二楼呈L形、"凹"字形或"回"字形；内层结构的建筑材料为纯木材，一楼、二楼架3—5个"棒柯"或"棒勒"，间隔为不同用途的房间，如主客卧室、贮藏室、经堂、客厅、厨房、走廊、阳台、厕所等；房间上装木望板，下铺木地板，顶盖用桦树皮或硬杂木条垫底再铺阿戈土，采用坡屋顶，使用彩陶瓦或合成树脂铺顶；房屋正面的一角上建有形似宝瓶的"松科"，以作煨桑之用；屋架门窗外表的裸露部分，多用油漆或自制有色土染涂；当地以"空"为单位计算房屋大小，四根柱子之间的面积为"一空"，小的房屋一般"十余空"，大的房屋甚至多达"八十余空"。当地居民特别重视房屋的装饰，主要表现在窗扇装饰和内部装饰上：首先，一层的窗户带有巴苏式雨搭，二层及以上的窗户为方形窗框，并于窗外置十字方格形窗幔，再配以彩绘；其次，参照和模仿藏传佛教寺庙建筑，在屋内房间四壁、房门和梁柱上绘有精致的藏式壁画，度母、龙凤、祥云、花鸟等图案精美逼真，栩栩如生；最后，摆放各种藏式家具和精致的装饰品。

4. 牧区民居

四川藏族集中居住区有很多市县位于牧区，如阿坝州的红原、阿坝、若尔盖、壤塘，甘孜州的石渠、色达、理塘、白玉、德格等县，还有一些县的部分地区属于牧区或半农半牧区。牧民们过着逐水草而居的游牧生活，帐房便成为他们的房屋，其中尤以牦牛帐房最具代表性。牧区的牦牛帐房多为黑色，极少数是黑白花帐房，外形一般有三类：一类是围护体部位为四方形，顶部为斜屋顶形；另一类是形似一块扣置的蚌壳；还有一类是尖顶式圆形。帐房一般选址在背风向阳、地势略倾斜的地方。房顶开有天窗，用以采光和通风，天窗上设有活动帘盖，以便天窗开关自如。大门一般设在背风处，一般设有两种形式的门帘：一种是由左右帐"壁"重叠合拢充当门帘的；另一种是两片式门帘，进出时撩起即可。帐房正中两支撑杆之间是灶台的位置，灶台上方为供奉神灵之处，放置佛像和供品；以灶台为界，左边为男

图 5-9
理塘县牧民新居

子居住处,右边为女子居住处和堆放杂物处。随着 20 世纪 90 年代以来牧区建设工作的开展,区内牧民大都有了固定的新居,不再跟随牛群四处奔波,新居中钢炉、铜锅、茶壶、壁橱、壁柜以及电视机等家具家电一应俱全。

(二)宗教建筑景观

1. 寺院

有史料记载,四川藏族集中居住区是我国藏传佛教传播较早的地区之一,最早可追溯至 7 世纪,以四川甘孜州石渠县洛须镇卓玛拉康寺的修建为起点。该寺是我国藏族集中居住区最早修建的佛殿之一,现为甘孜州州级文物保护单位。其他具有代表性的藏传佛教寺院有甘孜州白玉县噶拖寺、甘孜州德格县更庆镇更庆寺和八邦乡八邦寺、甘孜州道孚县协德乡惠远寺和阿坝州壤塘县中壤塘寺等。四川藏族集中居住区的藏传佛教寺院大多依山而建，或分布于河谷、峡谷和山间平缓地带，大部分朝向为面东或面南。四川藏族集中居住区藏传佛教寺院建筑的基本样式和格局与西藏自治区的藏传佛教寺院建筑保持一致，只是建筑结构因地而异，呈现出与当地民居建筑类似的区域性特点，如朝阳背风建造和殿堂体形低矮等。

按照功能，藏传佛教寺院建筑分为大殿、佛殿、神殿、高僧活佛或住持住所、专供僧侣学习修法的场所、僧人住所和附属建筑。大殿装饰考究，雕梁画栋、依柱悬幢、帷幔交织，壁画与雕塑精美绝伦、富丽堂皇，呈现出庄严神圣感。寺院大殿的建筑规模与精美程度依寺院的宗教地位、影响力及财力而定。佛殿和神殿仅次于大殿，主要供奉佛、菩萨和护法神。藏语称高僧活佛或住持的住所为"拉让"，以院落式单体建筑为主，属私人住宅，面积大小与豪华程度依居住人的地位而定，除生活用房外，还设有私人经堂。专供僧侣学习修法的场所常见于大寺院，主要有学校性质的"扎仓"和禅修场所两类。僧人居所较为简易，分为院落式集体建筑和散居单体建筑两种。大小寺院的附属建筑数量和类型各不相同，但藏经楼、佛塔、转经廊（房）以及厨房等是必不可少的。

四川藏族集中居住区藏传佛教寺院建筑以大殿（藏语称为"措钦"，意为最高级别的寺院建筑）建筑为主。大殿也是寺院的核心，无论是造型、高度，还是构造、用材及装饰，都是其他建筑无法相提并论的。四川藏族集中居住区藏传佛教寺院建筑外部空间一般有5或6层，每层大小各异，呈竖向叠落，以突出大殿高度，体

第五章 | 藏蒙传统村落之四川藏族集中居住区

图 5-10　德格印经院

现空旷感。首层是大殿与礼拜围廊的交汇场所，是进入大殿的必经之处，为僧人辩经议事之地，一般非僧侣不可入内；第二层空间由大殿建筑外围与四周小殿构成，为礼拜空间，也是举行佛教仪式之处；第三层空间由四佛殿和八小佛殿构成，建筑低矮密集，形式统一，以白墙为主，为僧俗共享空间；第四层空间由小佛堂、塔林、僧舍、生活辅助建筑和庙墙构成，建筑错落有致，是寺院的边界；第五层空间为进入寺院的过渡空间，亦称俗人空间，常设有玛尼堆、大旗杆（藏语称为"达莫切"，寓意"吉祥、平安、一帆风顺"）。

2. 佛塔

在藏传佛教建筑中，佛塔是一种普遍的标志性建筑物。四川藏族集中居住区的佛塔建筑式样为印度佛塔建筑移植到西藏并经本土化后的结果。在四川藏族集中居住区，佛塔种类繁多，形态各异。按建材分，一般有泥塔、雕

图5-11　理塘县甲洼镇佛塔

塔、木塔、铜塔、银塔、玉塔和金塔；按结构分，一般有土木结构塔、土石结构塔和砖石结构塔，如甘孜州道孚县境内的佛塔多为土石结构塔。佛塔在村落中所处的地理位置不同，用途也不同，如吉祥塔一般修建在村头，驱灾塔一般修建在房前屋后，而涅槃塔则是在喇嘛和活佛圆寂后选吉祥之地修建，祈祷下一世活佛和喇嘛继续出生在该地。佛塔塔身大多为白色，寓意圣洁。佛塔是四川藏族集中居住区居民放置佛舍利、经书、镀金佛像、金银珠宝玉器、药物、生活用品等的宗教建筑。

（三）碉楼建筑景观

碉楼建筑是四川藏族集中居住区的一大名片，以独特的建筑体系和璀璨的建筑文化丰富了我国甚至世界的建筑文化。碉楼建筑集中体现了居住在大渡河、雅砻江、金沙江和岷江流域的藏羌先民就地取材，用天然石块和黏土垒筑功能造型各异且高耸入云的防御建筑的聪明才智。现今四川藏族集中居住区中，金川、小金和丹巴等地是碉楼建筑分布的核心区，如被誉为"千碉之国"的甘孜州丹巴县境内分布的碉楼，其数量和集中程度在我国均排在首位，其中中路乡和梭坡乡两地的碉楼数量最多；康定、道孚、雅江、新龙、马尔康、黑水、理县、茂县、汶川等地为碉楼建筑分布的密集区；其余地区则为辐射区。

四川藏族集中居住区的碉楼可分为土碉（用黏土夯筑）、石碉（用石头砌筑）和土石混合碉（夯土和砌石相结合），其中土石混合碉非常少见，石碉比例最大、分布最广，前述核心区内均为石碉。根据外部形状的不同，四川藏族集中居住区的碉楼可分为三角、四角、五角、六角、八角、十二角、十三角七类，其中数量最多、分布最广的为四角碉，其次是六角碉和八角碉，其他的较为少见。不同类型的碉楼在平面形状上存在明显差异，四角碉楼大部分为"回"字形，也有"日"字形的；五角碉楼为"山"字形；六角及以上的碉楼为星形。碉楼下宽上窄，收分明显，呈斜柱状，层数从几层到十几层不等，高度从20米到50米不等。

按功能用途分，四川藏族集中居住区的碉楼可分为家碉和寨碉两大类。家碉又称宅碉，与民居相连，以家庭为单位修建。寨碉一般以部落、土司辖区、村寨为单位修建，根据具体功能又分为界碉、风水碉、烽火碉、要隘碉等。

(四) 桥梁建筑景观

四川藏族集中居住区位于横断山脉，区内高山峡谷众多，江河纵贯，水网密布，架设桥梁成为区内居民渡河的主要方式之一。四川藏族集中居住区的桥梁建筑类型多样，主要有溜索桥、木桥、吊桥和石拱桥四类。

溜索桥历史悠久，可追溯至汉代，包括架于大河上的剪刀溜和架于小河上的平溜两种。后随着社会发展，铁索或钢索吊桥、木桥、石桥等逐渐出现在四川藏族集中居住区。到二十世纪六七十年代，钢筋混凝土桥和钢缆吊桥开始普遍出现。溜索桥已基本退出历史舞台。四川藏族集中居住区的木桥大致包括藏式伸臂桥、廊桥等。藏式伸臂桥常见于林区峡谷地带，建筑方法类似于崩空式建筑，甘孜州新龙县和凉山州木里县分布数量最多，最具代表性。如位于甘孜州新龙县乐安

第五章 | 藏蒙传统村落之四川藏族集中居住区

图 5-12 波日桥

乡境内的波日桥，是我国藏族集中居住区现存跨度最大、结构精巧的藏式伸臂桥精品，被誉为"康巴第一桥"。廊桥多见于区内汉藏、汉羌杂居的大城镇，如甘孜州康定市、阿坝州松潘县等，一般由汉族工匠建造。

吊桥在四川藏族集中居住区也较为普遍，主要包括索吊、铁索吊桥和钢缆吊桥三类，现今以钢缆吊桥居多，索吊和铁索吊桥现存较少，最著名的是甘孜州泸定县的泸定铁索吊桥。四川藏族集中居住区的石拱桥与廊桥一样，多见于汉藏、汉羌杂居地区。一般就地取材，聘请汉族工匠建造，多为单跨石拱桥，如甘孜州康定市的公主桥。

第四节
四川藏族集中居住区传统村落的非物质文化景观

一、宗教文化景观

（一）宗教信仰

四川藏族集中居住区传统村落的宗教信仰主要包括藏传佛教和本教。藏传佛教于 7 世纪从西藏地区传入四川藏族集中居住区。四川藏族集中居住区的藏传佛教各教派兼容并尊，主要有五大教派，分别是宁玛派、萨迦派、噶举派、格鲁派和噶当派。藏传佛教对当地经济、社会、文化等影响深刻。本教于 7 世纪中叶传入四川藏族集中居住区，一直十分兴盛，后虽在明清时期受到重创和挤压，但对四川藏族集中居住区的影响仍然十分深远。目前，本教在四川藏族集中居住区有两个核心区：一个是以德格丁钦寺为核心的康北地区，包括德格、白玉、石渠、甘孜、新龙等雅砻江上游地区；另一个是以金川雍忠拉顶寺为中心的嘉绒地区，包括丹巴、马尔康、金川、小金等地。

（二）宗教习俗

1. 七种供养

供佛香案上的象征性供品，也称二水和五受用，即将清水、香以及食物等供品放置在铜盅里，一般放一套，一套有七种，顺序为两种水、花、香、灯、茶、饭。供品和排列顺序与藏蒙地区差别不大。茶饭等食物供品是用酥油捏成的，呈圆锥形，还带有花饰。相传七种供养象征释迦牟尼成佛前游走化缘投宿到施主家，施主款待他的过程。

2. 十相自在

十相自在常见于四川藏族集中居住区的塔门、房门、墙壁、经书封面以及岩壁上，也有作为刺绣品佩戴在身上的。十相自在是藏传佛教时轮宗的一种图案。十相自在由7个梵文字母和3个图案竖向重叠写就而成。

3. 放风马

风马为藏语音译名，藏语称"隆达"。在四川藏族集中居住区传统村落中，风马随处可见。风马有三种寓意：一是指人有气数、命运；二是指象征命运的五彩旗帜，又称经幡，常见于房头、屋顶、山顶、堤岸；三是指屋顶的祭神台或山顶的山神石垛。在藏族集中居住区，风马幡一般为方形的五彩布幡或纸幡，大小在10—60厘米不等，用木刻板捺印图案，有象征蓝天、白云、火焰、绿水、大地的蓝、白、红、绿、黄五种颜色，且悬挂时有严格的顺序。

图 5-13
甘孜州稻城县经幡

4. 转经筒

转经筒是藏族集中居住区最常见的佛教法器之一，被视为积修功德的有效途径之一。在四川藏族集中居住区的传统村落中，经筒大小不一，大的直径一般在 1 米左右，高约 2 米，常放置在寺庙神殿周围的廊道上，供信徒们边走边用手推动旋转；小的直径不足 10 厘米，高仅 10 厘米，常被藏族群众拿在手里摇动。四川藏族集中居住区一般将经文放置在转经筒内，筒外刻上"六字真言"和"吉祥八宝"等图案。信仰佛教的藏族群众认为每转动一次经筒，等同于虔诚地诵读了一遍经书。在四川藏族集中居住区传统村落中，还可见到利用水力或风力推动的经筒。

5. 煨桑

在四川藏族集中居住区传统村落中常常会在村落地势较高处，

寺庙或民居的院落中央、房顶、墙上看到石砌或陶制的方形或圆塔形的煨桑炉。在藏族集中居住区传统村落中，几乎每家每户都有煨桑炉。煨桑是藏族集中居住区十分普遍的一种宗教祈愿礼俗，也是宗教场所不可或缺的仪式之一。煨桑烟祭也是藏族群众生活中不可或缺的重要仪轨。藏族群众煨桑时先将柏树枝在桑炉内点燃，再撒上一些糌粑、茶叶、青稞、水果以及糖等。如阿坝州红原县麦洼寺每年夏季五六月都会举行煨桑节活动，用以祈求丰收、平安和祛病等，每年都有众多藏族群众身穿盛装，带着隆达、青稞等到这里煨桑祈福。

二、民俗文化景观

（一）日常生活

四川藏族集中居住区传统生产方式包括以农业为主、以牧业为主和半农半牧三种形式。阿坝州南部，甘孜州内金沙江、雅砻江和大渡河等的河谷地带以农业为主，主要农作物有青稞、小麦、马铃薯、玉米、荞麦、苹果、樱桃、枇杷、花椒等。阿坝州北部和甘孜州北部以牧业为主，主要畜种有牦牛、藏系绵羊、犏牛、马、山羊等。农区和牧区之间则为半农半牧区。由于现代农业技术的运用以及设施农业的推广，四川藏族集中居住区内农牧业的区域性差异越来越小，如甘孜州理塘县濯桑现代农业园区的打造，使得理塘县从一个纯牧区变成农业种植大县，使得3个乡镇24个村的村民也能在高原上种植和食用草莓、水蜜桃、番茄等农产品。

（二）节庆活动

四川藏族集中居住区传统村落节庆活动众多，各地又有自己的特点，主要分为年节和宗教节日两类。年节主要有藏历新年、大年初一"抢头水"等，还有一些原以宗教名义出现、现已为群众性集会的节日活动，如甘孜州康定市四月八转山会、巴塘县和德格县一带的央勒节，理塘县和其他牧区的赛马节、丹巴县"墨尔多"庙会，阿坝州扎崇节等。宗教节日如萨噶达瓦节、燃灯节、祈祷节等。自然条件、人口、生产生活方式以及宗教传播四大因素是藏族集中居住区节日众多的原因。村民以隆重、热烈的方式欢度节日，抒发内心对宗教、人和自然的真实情感。

图 5-14
甘孜州甘孜县赛马节

（三）婚丧嫁娶

四川藏族集中居住区传统村落现今仍保留着藏族古老的婚礼习俗，地域特色鲜明。西藏民主改革前，四川藏族集中居住区居民的婚姻基本是阶级内婚制和血缘外婚制。随着社会发展进步和政治经济制度转变，四川藏族集中居住区的婚姻制度发生了根本变化，以一夫一妻制为主，青年男女自由恋爱婚配，婚俗上除保留传统礼俗外，还伴有现代文明。在甘孜州的扎坝大峡谷的一些村落当中至今仍然延续"男不娶、女不嫁"的母系氏族走婚习俗。

通常情况下，四川藏族集中居住区内藏族群众的婚姻程序包括合婚、求婚、订婚和迎娶等步骤。在合婚阶段，喇嘛或活佛起着重要作用。区内婚姻以娶妻为主，且极重视妆奁。女子出嫁时，父母根据自身经济状况配置妆奁。婚庆大典之日，新郎在卜算定的时间迎娶新娘，当地村民在迎亲途中的道路两旁放置用松树枝装饰的水桶，用以祝福新人。新娘准备进家门前，先由一名属相与新娘相符的人带领着绕门前火堆三圈，以消除路上的"邪气"，然后由一位当地高僧为新娘加持（意为"沐浴"，一种佛教仪式）。接着，新郎将新娘迎至经堂，以示诚意。婚礼期间举行各式各样的娱乐活动，此外，婚礼当天要整天不间断地煨桑。

从考古发掘出的文物来看，四川藏族集中居住区在古代流行过土葬、石棺葬、火葬、二次葬等。后来随着藏族的形成以及佛教文化的影响，四川藏族集中居住区主要存在天葬、塔葬、火葬、水葬和土葬五种殡葬方式。每一种殡葬方式都有等级界限和议程规范，且离不开宗教佛事活动，在何地实施何种葬仪，均由喇嘛打卦占卜决定。塔葬是藏族集中居住区最为高贵、规格待遇最高的葬仪，仅适用于达赖、班禅及少数大活佛。火葬只有活佛才能使用。水葬是一种较古老的葬法，一般用牛将尸体驮至江边，先由喇嘛念经超度亡灵，后将尸体投入江中。土葬在甘孜州康定、泸定等地较为流行。此外，在甘孜州白玉县山岩乡、盖玉乡、萨玛乡等地，对因病或意外等不幸夭折的13岁以下孩童实施树葬。树葬的选址非常严格，要么在丁字或十字路口，要么在两河或多河交汇处，且所选树木必须粗壮高大，枝繁叶茂，且位于路口或河流交汇处中心的草坝上。

（四）传统礼仪

1. 献哈达

作为藏族群众最普遍的礼节之一，献哈达在很多场合都会见到，藏族群众以此表达对对方的尊敬、忠诚和谢意等。哈达是一种生丝织品，长短不一，质料因经济条件而有所差异。一般上品哈达织有寓意吉祥如意的隐花图案，如莲花、伞盖、宝瓶、海螺等。四川藏族集中居住区普遍有崇白信仰，视白色为纯洁和吉祥的象征。因此白色的哈达最常见，五彩哈达也较多，为蓝、白、黄、绿、红五色，分别象征蓝天、白云、大地、河水、空间护法神。五彩哈达被视为最珍贵的礼物，只在特定的情况下使用，一般献给菩萨和近亲做彩箭用。在藏族集中居住区，对不同的人献哈达，动作也不同；不同的场合献哈达，代表的意义也不同，如节日献哈达寓意节日愉快、生活幸福，婚礼上献哈达寓意新人白头偕老，葬礼上献哈达寓意哀悼死者和安慰死者家属，迎宾时献哈达寓意虔诚和祈祷菩萨保佑。

2. 磕长头

作为一种拜佛仪式，磕长头盛行于藏传佛教流传地区。磕长头一般分为行进磕长头和原地磕长头两种。行进磕长头又分为绕寺院、神山或神湖磕长头和从家乡出发磕长头到拉萨朝佛两种，程序如下：先挺身立正，双手合十举过头顶，迈第一步，双手保持合十下移到脸部，迈第二步，合十的双手下移到胸前，迈第三步后，前身向前倾并与地面保持平行，双手分开，掌心向下着地，等膝盖着地后全身俯地，用额头轻叩地面，在此过程中口中不停念"六字真言"，如此便完成了一次磕长头；后再站起，又重新开始。原地磕长头一般于寺院殿堂之内或外围进行，除不行进外，其程序和姿势与行进磕长头一致。

3. 敬酒茶

四川藏族集中居住区的藏族群众十分热情好客。一旦有人到家中做客，主人便会敬酒茶，一般用自酿的青稞酒，主妇或子女则给客人倒酥油茶。敬酒时，一般请客人先喝三小口，在每一小口喝完后，主人立即将酒杯斟满，待三小口全部喝完之后，主人再请客人喝一满杯。敬酥油茶时，客人不必自行端喝，要等主人将酥油茶捧到面前再接过来喝，以示礼貌。

4. 敬老爱幼

四川藏族集中居住区的村民自古就有敬老爱幼的美德。在许多节日中，都有向老人祝拜的习俗。倒茶、盛饭、分菜时，要双手端着先给家中老人；家中重大事件要先和老人商量；大年初一"抢头水"时，要将所抢之水做成酥油茶敬献老人。在很多场合，特别讲究长幼有序。村民也喜欢年幼的小孩，不分性别、贫富和贵贱。

（五）传统饮食

四川藏族集中居住区的民族特色食品主要为糌粑、酥油茶、青稞酒、肉及奶制品，农区和牧区少有差别。糌粑普遍是农牧区的主食。牧区食用牛羊肉居多，喜做成风干牛肉食用。奶制品也是农牧区居民不可缺少的食物，常做成酸奶、奶饼和奶渣。酥油是藏族集中居住区居民的主要食用油，从牛奶中提炼而成。藏族群众喜茶亦喜酒，常做酥油茶、奶茶等自食或招待客人，也喜用青稞、玉米等酿酒饮用。此外，农牧区的藏族群众也喜欢食用由白菜、圆根叶子做成的酸菜。

（六）传统服饰

藏族传统服饰是藏族文化的重要组成部分。四川藏族集中居住区内不同地域因地理环境和生活习惯不同，服饰各有特点。甘孜藏族集中居住区的服饰独具地域特色，英武粗犷是其显著特点，俗称康巴服饰，又细分为康南和康北等农区服饰、木雅服饰、嘉绒服饰以及特定地区服饰等。阿坝藏族集中居住区的服饰大体上分为草地服饰、马尔康服饰、黑水服饰、松潘服饰、九寨沟服饰。藏族服饰的基本特点是宽腰、长袖、大襟、无扣，腰带又宽又长，色彩运用注重色块与整体协调，多用红、蓝、黄、绿、白、黑等色，且大量运用金银珠宝装饰。在四川藏族集中居住区，各地男性服饰差异不明显，而女性服饰则因地域风格突出，差异明显。

图 5-15
甘孜州丹巴县嘉绒
女性服饰

（七）方言

四川藏族集中居住区的藏语属汉藏语系藏缅语族藏语支康方言和安多方言，以康方言为主。甘孜藏族集中居住区作为康区的主体，又将康方言分为南路、北路、东路以及牧区四个语群，其中北路德格语代表性较高，被视为康方言的标准。阿坝藏族集中居住区主要通行安多方言和嘉绒方言两种藏语。而甘孜藏族集中居住区除康方言外，部分牧区通行安多方言，丹巴县境内通行嘉绒方言，新龙、道孚、炉霍、丹巴、康定、雅江、九龙等县还通行俗称地脚话的语言，如木雅语、鱼通语、道孚语、扎巴语、尔苏语、纳木义语、普米语、曲域语等。

三、文化艺术景观

（一）民间戏曲

藏戏作为藏族人民用歌舞形式表现文学内容和现实生活的综合表演形式，是在宗教仪式、民间歌舞及说唱表演等艺术土壤中成长起来的。四川藏族集中居住区的藏戏源于西藏藏戏，又具有本地特色，是古时高僧到拉萨等地深造"五明"时习得，并根据个人喜好进行取舍，回到四川藏族集中居住区、融入本地歌舞后创立的。藏戏，藏语称"拉姆"，17世纪后形成了一整套系统的艺术形式，成为我国戏曲中的一个特有剧种，在藏族集中居住区广泛流传。区内甘孜藏族集中居住区的藏戏主要分布在巴塘、理塘、康定、道孚、甘孜、丹巴、色达、德格等县，这些县均有业余的藏戏演出团，其中康定、道孚、巴塘、甘孜、理塘、木雅等地的藏戏在西藏蓝面具藏戏的基础上，与当地歌舞、说唱和民间艺术相结合，形成康巴藏戏独有风格，如巴塘藏戏融入了当地弦子舞的舞蹈和音乐，甘孜藏戏融入了当地踢踏舞的舞蹈和音乐，理塘藏戏融入了当地锅庄的舞蹈和音乐。阿坝藏族集中居住区的藏戏主要分为嘉绒藏戏和安多藏戏两类。藏戏在几百年的流传过程中出现了许多传统剧目，如著名的八大藏戏。四川藏族集中居住区藏戏的动作程式，一般以人物进行系列动作组合。藏戏已经成为研究四川藏族集中居住区民间故事传说、历史、歌舞、服饰、工艺以及语言等民俗文化的活化石。

(二)民间文学

在四川藏族集中居住区传统村落中流传最广的藏族文学当属《格萨尔王传》,被誉为世界上规模最大、篇幅最长的英雄史诗,共120多部、100多万行诗、2000多万字,代表了古代藏族民间文学与口头叙事传统的最高成就。《格萨尔王传》在真人真事基础上,经过藏族人民世世代代的艺术加工而逐步形成,不断与当地风俗民情结合,实现新的发展。因此,《格萨尔王传》成为研究古代藏族的社会历史、道德观念、社会交往、民风民俗等的百科全书,被国际学术界称为"东方的《伊利亚特》"。此外,四川藏族集中居住区传统村落中还有很多独具特色的民间文学,如神话传说、长诗及唱词、故事、歌谣以及谚语等。

(三)民间音乐

四川藏族集中居住区传统村落的民歌丰富多彩,类型众多。同时,由于地理环境和方言上的差异,区内民歌在演唱题材、调式、音韵等方面也存在明显的差异。流传至今的有情歌(拉伊)、颂歌(多勒)、悲歌(斗勒)、劳动歌、酒歌等。情歌题材多为追求、赞美、怀念和歌咏爱情。颂歌则形式多样,姑娘小伙、大自然、活佛名门等都可以成为被赞颂的对象,运用场合也多,如修宅盖楼、娶妻生子、集会节日等。悲歌则少有人唱,无专门曲调。劳动歌,民间称"勤依啰",在打土犁地、收割薅草、打青稞、搬运物品、打墙、挤奶等劳动场景中演唱,展现了藏族群众在生产劳作中的精神面貌。酒歌,藏语称"羌谐",主要流行于甘孜藏族集中居住区各地和阿坝藏族集中居住区的松潘和嘉绒地区，除普遍传唱主要曲调外，各地还有自己的唱法，主要是在重大节日、亲友欢聚、迎接贵宾时，相互敬酒而唱。

（四）民间舞蹈

四川藏族集中居住区独具特色的民间舞蹈众多，主要有锅庄、弦子舞、热巴舞、学羌、踢踏舞、南坪藏舞和祭祀舞蹈等。

1. 锅庄

藏语称"锅庄"为"卓"，意为圆圈舞，是一种自娱性歌舞，无乐器伴奏的集体歌舞主要流行于四川藏族集中居住区中的农区和部分牧区，又因区内各地语言习惯不同，各地对锅庄的称谓和舞俗

图 5-16
甘孜州丹巴地区锅庄舞

也不同，如甘孜康定市将其称为"杜巴卓""达单"，雅江县将其称为"卓戛"，丹巴县以及阿坝的嘉绒地区将其称为"达尔嘎"，且有大、中、小之分。

2. 弦子舞

弦子舞是一种自娱性歌舞，因使用弦胡伴奏得名，舞蹈轻盈，歌词丰富，主要流布于甘孜藏族集中居住区金沙江流经的南路两岸，如巴塘、得荣、乡城等县，其中以巴塘弦子最为出名。巴塘弦子，俗称"谐戛""嘎谐戛"，意为围着圆圈跳弦子，不分时间地点，只要高兴即可起舞，兴尽即散，一般一曲一舞，男子拉弦胡居领舞位置，其他舞者分性别站在领舞的右边，顺时针而舞。膝部的颤动是弦子舞动作中最有特色的。甘孜藏族集中居住区中的甘孜、炉霍、道孚等县的部分区乡流行另具风格的"格达弦子"舞。

3. 热巴舞

热巴舞是一种以说唱与歌舞为主的综合演出形式，一般以家庭为演出单位，2—5人不等，流行于甘孜藏族集中居住区金沙江两岸的巴塘、得荣等县。

4. 学羌

学羌是一种兼具自娱性和游戏性的歌舞，流行于甘孜藏族集中居住区得荣县东风乡一带。舞者围圈而舞，圆心燃烧篝火，歌词内容多反映爱情，舞蹈动作以腿部弹跳为主。

5. 踢踏舞

藏语称"踢踏舞"为"夏卓",是从西藏传入的舞蹈,动作流畅洒脱,激越明快,现流行于甘孜藏族集中居住区的甘孜县,以甘孜踢踏舞最为出名。甘孜踢踏舞融入了甘孜"锅庄"的上身和手臂动作,形成特有风格。

6. 南坪藏舞

南坪藏舞流行于阿坝藏族集中居住区九寨沟县双河一带,以假嗓高歌起步、舞者连臂围圈起舞为特点,舞蹈动作古朴、典雅。

7. 祭祀舞蹈

四川藏族集中居住区分布着各种各样的祭祀舞蹈。不同于寺庙舞蹈,祭祀舞蹈有着浓厚的原始宗教色彩,是民间祭祀活动的舞蹈形式之一。按表演形式分为集体舞和单人舞,舞者一般为男性,个别单人舞为女性,舞蹈动作古朴简单、奔放热烈。祭祀舞蹈在甘孜藏族集中居住区一般有觉君、呗些、降神、且索几种类型,在阿坝藏族集中居住区则为铠甲舞。

(五)民间绘画

四川藏族集中居住区传统村落的民间绘画主要有唐卡、壁画和版画等形式,其中唐卡最为出名。唐卡,汉语译为卷轴画,常用彩缎装裱,多为竖条长幅。按照制作工艺和质地,四川藏族集中居住区的唐卡分为绘制唐卡、织物唐卡(堆绣、织锦、贴花)和印刷唐卡三大类。唐卡的题材多为宗教内容,也有社会历史、风俗、天文、医学、历法等内容。阿坝藏族集中居住区的唐卡，多出自民间艺人和还俗僧侣之手，尤以还俗僧侣为甚。壁画常见于寺院的佛殿，经堂的四壁、天花板、庙门、民居以及驿站客店或锅庄的四壁。绘于寺院的壁画多以宗教为题材，民居壁画则多以花卉、植物、动物等吉祥图案为题材，如八吉祥、七宝物、六长寿图等。

（六）民间工艺

藏族群众心灵手巧，在长期的生产生活实践中，积累和传承了丰富多彩的手工技艺，制作了很多兼具美观和实用功能的精美工艺品。典型的有雕塑技艺、金属锻造工艺、编织技艺、挑花刺绣技艺、车磨工艺、雕版印刷技艺等。

1. 雕塑技艺

四川藏族集中居住区的雕塑技艺主要包括陶塑、泥塑和油塑。据考古资料显示，阿坝藏族集中居住区的古陶器以泥质陶为主，颜色主要为黑、灰、橙红三色，具有明显的藏羌民族特色。而甘孜藏族集中居住区的陶塑技艺以稻城县赤土乡一带的阿西土陶为代表。阿西土陶的烧制技艺采用藏族集中居住区传统土法手工艺，最早可追溯至距今7000多年前，又称藏族黑陶，因最终呈黑色而得名。阿西土陶被誉为稻城亚丁四绝之一，其烧制技艺于2008年入选第二批国家级非物质文化遗产代表性项目名录。四川藏族集中居住区的泥塑常见于宗教寺庙，多用于塑造千姿百态和传神逼真的佛像以及佛像背后的灵光，并衬以花鸟神兽图案。四川藏族集中居住区民间传统油塑以"酥油花"为代表，藏语称"玛尔尖"，即用调色后的酥油捏制人物鸟兽、花草植物等，现常用作供品。

四川藏族集中居住区的雕刻技艺主要为石刻和木雕。石刻（包括石雕）在藏族集中居住区较为普遍，传统村落中的石刻内容多为佛像和经文，经文尤以藏文居多，刀法简洁，技艺精湛。甘孜藏族集中居住区的格萨尔彩绘石刻最为出名，主要分布在色达、石渠和丹巴县境内，尤以色达县最具代表性。格萨尔彩绘石刻是格萨尔文化的遗存之一，以《格萨尔王传》核心内容为对象，将石刻技艺与传统绘画技艺融为一体，极具特色，并于2006年入选第一批国家级非物质文化遗产代表性项目名录。四川藏族集中居住区的木雕常见于寺院、民居和桥梁等，起装饰作用。阿坝藏族集中居住区的木雕手法以高低浮雕相间为主，少见圆雕和透雕。甘孜藏族集中居住区的木雕以德格县麦宿地区为代表。麦宿传统木雕选材考究，主要使用檀香木、杉木、桦树木和柏树木，刻刀大大小小70余种，雕刻技法多样，如混雕、透雕、贴雕、线雕、剔地雕等，主要用于建筑雕刻、家具雕刻和工艺品雕刻。

2. 金属锻造工艺

四川藏族集中居住区的金属锻造工艺精湛且富有特色。四川藏族集中居住区常用金、银、铜、铁等金属锻造相应的宗教用品、生产生活用品、建筑装饰和佩饰等，其中铜制品最多。如寺院里的错铜雕花、大门拉手、法螺镶边、金刚杵、酥油灯及壶瓢等均为铜制品，一些藏式乐器和藏刀柄鞘等也是用铜锻造的。银制品使用较为广泛，多为男女首饰和衣着配饰。铁器多为生产生活用品。金制品较少，除少数寺庙塑造纯金佛像外，多用于缀花。甘孜藏族集中居住区白玉县河坡乡境内的白玉藏刀技艺，历史悠久，精湛独特，在整个藏族集中居住区以及周边国家如印度、尼泊尔、不丹等都享有盛名。

3. 编织技艺

四川藏族集中居住区的编织技艺精湛，材料也独具特色，常用牦牛绒、牦牛毛和藏绵羊毛，偶尔也用棉、丝、麻等材料，主要编织帐篷、毡子、布衫、褡裢、午餐带、腰带、背带等生产生活用品。其中尤以牧区的黑帐篷最为出名，即用黑牦牛毛手工编织的帐篷。

4. 挑花刺绣技艺

四川藏族集中居住区的挑花刺绣技艺以嘉绒藏族聚居区为代表。嘉绒藏族的挑花刺绣用品，主要是头巾，常绣牡丹、桃花、蝴蝶、锯齿形山峰、万字、寿字、水纹和彩虹等图案。

5. 车磨工艺

四川藏族集中居住区的车磨工艺主要分布于马尔康、小金、金川一带，其中尤以马尔康的车磨产品最佳。一般选用桦木的树根及树的寄生疱等，打磨出糌粑盒、酥油盒、碗、碟、瓢等生活用品，特点为整木打磨，无任何拼接痕迹。

6. 雕版印刷技艺

四川藏族集中居住区的雕版印刷技艺主要用于雕刻印经版和印刷经书，现主要传承于德格印经院、四川藏族集中居住区内的寺院和部分村落。甘孜藏族集中居住区的德格印经院藏族雕版印刷技艺举世闻名。德格印经院的印经工艺包括造纸、制版和印刷三个程序。

图 5-17
雕刻经版

造纸以瑞香狼毒草的根部为原料，采用浇纸法技艺制作，所生产的藏纸可以防虫且吸墨性好。再选用红桦木雕刻经版，最后由两人合作进行印刷。德格印经院藏族雕版印刷技艺于 2006 年入选第一批国家级非物质文化遗产代表性项目名录。

第五节
四川藏族集中居住区传统村落集萃

根据住建部等公布的中国传统村落名录，截至 2019 年，四川藏族集中居住区共有 100 个藏族村落入选，并得到各级地方政府和财政的支持。在此列举两个具有代表性的传统村落——丹巴县梭坡乡莫洛村和理县甘堡乡甘堡村。

一、甘孜州丹巴县梭坡乡莫洛村

莫洛，藏语意为"建在环形地带上的村寨"。莫洛村位于丹巴县东面的梭坡乡境内，离丹巴县城 5 千米左右，海拔 2000 米左右，年平均气温 13℃左右。该村位于典型的大渡河干旱河谷地带，三面环山。该村地势东北部高，南部低。莫洛村村民以藏族为主，有少量汉族杂居，以传统农业为主，也种植核桃、花椒、苹果等经济作物。莫洛藏寨碉群是我国藏族集中居住区独具特色的大型古代建筑聚落，古碉楼与藏寨共融共生，成为一个有机整体，寨中有碉，碉藏于寨。莫洛村成为藏文化设防民居聚落的典型代表，闻名于世，成为我国乃至世界石室建筑史和设防民居史上的奇迹，在青藏高原上竖起不朽的丰碑。

图 5-18
甘孜州丹巴县梭坡乡
莫洛村

二、阿坝州黑水县色尔古乡色尔古村

色尔古，藏语意为"盛产黄金的地方"。色尔古村又称色尔古藏寨，至今已有一千多年的历史，被誉为"中国嘉绒藏族第一寨"。色尔古村是川西北至今保留较为完整的嘉绒藏族村落，拥有独具特色的建筑集群，被称为"川西的小布达拉宫"。古时，色尔古人为抵御外族的侵犯，多群居，由此形成了独特的藏式民居。色尔古藏寨依山脊修建，民居为碉楼式。村民用片石和黄泥砌墙，一般为三层，碉楼底

图 5-19　阿坝州黑水县色尔古乡色尔古村

层稍大，逐层斜上，基础坚固。藏寨户户相连，修建百年而不垮，饰以红、黄、白三色藏式装饰。寨中阶梯密布，纵横交错，初临其中，如进八卦，多要往返。整个藏寨结构严谨，形成了坚不可摧的防御体系，一旦发生意外，寨中幽深的水渠则成了安全通道和打击敌人的重要阵地。碉楼毗邻雄立，远望如欧式古堡，堪称建筑史上的一绝。

第六节
四川藏族集中居住区传统村落的保护与发展

一、保护与发展的现状

虽然我国将传统村落保护提升到了国家层面，入选的国家传统村落越来越多，但随着社会经济发展、城镇化发展以及老龄化社会的到来，我国传统村落依然在减少和消失，传统村落的保护迫在眉睫。四川藏族集中居住区作为我国第二大藏族集中居住区，面积广阔，传统村落分布广泛，各村落之间差异明显，情况复杂，加之历史和经济等原因，四川藏族集中居住区传统村落的保护与发展工作量大且艰，困难挑战较多。前述传统村落保护与发展实践，虽取得很大成效，一些模式可供其他藏族集中居住区借鉴，但依然存在一些影响传统村落可持续发展的亟待解决的问题。

（一）政府热，村民冷，保护意识薄弱

四川藏族集中居住区各级政府对传统村落保护和发展较重视，制定和出台了许多有针对性且具体的政策措施，也给予了一定的资金支持。但区内很多村落分布于高山峡谷之中，自然地理条件较差，交通不发达，经济文化落后，属于贫困村，当地村民文化水平低，且为脱贫致富奔走，不能清晰地认知村中建筑物和文物的价值，导致保护意识薄弱，甚至没有保护意识。随着美丽新村建设浪潮的推进，由于缺乏保护意识，村民在改善居住环境时，过多采用现代建筑材料修缮房屋，或直接修建汉式建筑，采用现代室内装修风格，破坏了传统民居的原始风貌和村落的文化景观，使得传统村落保护和发展面临更大压力。

（二）城市化发展，传统村落空巢化现象严重

随着城市化进程，城乡二元分异加剧，传统村落社会下的集体生活、生产方式、组织制度、意识观念被迫加速转型。[1]四川藏族集中居住区的大部分传统村落，由于受地理环境、交通条件和人口等因素影响，生产生活方式落后，经济发展水平低，生活、教育和医疗条件以及基础设施差，青壮年劳动力大都外出进入城市务工，常住人口不断减少，仅剩一些留守老人和儿童，村落空巢化和老龄化严重。年轻人的迁出，致使村落衰败，民间技艺以及一些非物质

---

[1] 黄杰，李晓东，谢霞.少数民族传统村落活化与旅游开发的互动性研究[J].广西民族研究，2018（5）：122.

文化遗产难以传承。

（三）产业单一，产业链薄弱，经济发展水平低

传统村落的保护与发展是一个时间周期长且资金需求量极大的工程。目前，四川藏族集中居住区传统村落保护和发展所需的资金主要靠政府投入，但需要保护的数量巨大，政府资金并不足以支撑。区内大多数传统村落以传统第一产业为主，少数村落兼有民族手工艺品制造产业。一些发展旅游业的传统村落，其旅游业仍处于起步阶段，旅游产业链薄弱，且不完整，经济创收能力低，无法为村落的发展提供资金支持。缺乏可持续、多渠道的资金支持，使得传统村落的保护和发展难以取得明显进展。

（四）法规政策有待进一步完善

在城镇化发展和美丽新村建设过程中，四川藏族集中居住区对传统村落的保护政策尚不完善：一是村落规划不合理和土地政策不完善，导致普遍存在村民自发式大规模"拆旧建新"等"自主性破坏"；二是针对传统村落文化资源保护的法规制度建设滞后，加之地方法规具有明显的局限性和地域性，给传统村落文化资源保护工作带来困难。传统村落的保护与发展涉及众多部门，各部门权责不清，导致有的工作多头管理，有的工作无人负责。

（五）低水平旅游开发

被称为无烟产业和具有极强的带动作用的旅游业成为当今各地推动传统村落发展的主要措施之一。目前，四川藏族集中居住区内也有一些进行旅游开发且初见成效的传统村落。但纵观其旅游业，大部分停留于观光的低水平发展层面，产品和项目同质化严重，且过于商业化，缺少对当地文化内涵的挖掘和一些民俗精品项目的开发。随着外部游客的进入，现代文明也随之而来，对当地的本土文化造成冲击，引起本土文化产生变化或被同化，传统村落文化逐渐消失。

二、保护与发展的实践

藏族集中居住区传统村落是农牧文明的重要载体，是非常珍贵的文化遗产，而且不可再生，是藏族儿女的乡愁，也是藏族集中居住区的一张重要名片。四川藏族集中居住区传统村落数量众多，拥有国家级传统村落126个、省级传统村落240余个，数量位居四川省第一。四川藏族集中居住区传统村落文化灿烂多彩、底蕴深厚，建筑特色鲜明，历史积淀丰厚，拥有极高的保护、研究和开发价值。鉴于此，四川省各市州为延续历史文脉、弘扬民族文化，不断因地制宜地探索具有地域特点和民族特色的传统村落保护路径。

(一)国家政策引导,地方政策保障

早在 2012 年,我国便出台了传统村落保护与发展的相关政策,并从该年起,住建部、文化部和财政部陆续选择并公布中国传统村落名录,截至 2019 年已公布了五批,总计近 7000 个村落入选。每一个入选的村落,由中央财政划拨 300 万元用于传统村落文化的保护,又根据实际情况推动改善生产生活、防灾安全保障及保护管理等工作。

四川省住建厅建立省级传统村落数据库,公布了 869 个省级传统村落。在省级传统村落保护资金方面,虽没有单独安排,但结合"百镇建设行动"、幸福美丽新村建设和城乡环境综合治理等方面向省级传统村落倾斜。此外四川省优先选择 100 个特色鲜明、保存完整、基础良好的传统村落进行重点培育,并着手制定《四川传统村落保护条例》。

四川藏族集中居住区内行政部门也在不断制定和出台地方性法规和政策性文件,强化传统村落保护与发展的政策保障,如《阿坝州传统村落保护与发展实施意见》《阿坝州非物质文化遗产条例》《甘孜州传统村落保护利用条例》等。此外,区内的行政部门纷纷建立多层次的传统村落保护体系,如阿坝州率先在四川省开展传统村落和世界遗产保护试点,实施"非物质文化遗产自然遗产暨传统村落保护工程",设立传统村落保护与发展专项资金,对国家级和省级传统村落进行财政资金补助,建立"名城—名镇—名村"三级历史文化遗产保护体系。

（二）文旅融合推动特色产业发展

四川藏族集中居住区自然资源丰富多样，人文资源独特。区内雪山草原、湖泊河流、文物古迹遍布，具有非常高的旅游开发价值。各级行政部门也意识到了这一点，积极发展文旅产业，搭建相应平台，创新管理体制机制，着力让区内的传统村落"活起来"。如甘孜州目前正在打造国家级全域旅游示范区，将全州作为一个大景区建设，着力实现文旅、农旅、城旅、体旅四个融合，坚持保护与科学利用相互促进、共同进步的原则，积极培育传统村落文化休闲旅游项目，建立民间艺人创作基地和乡土文化体验基地，吸引文创项目入驻；阿坝州则依托美丽新村以及藏羌彝文化产业走廊等重大政策，实施"传统村落+"模式，与乡村振兴、传统工艺和非遗保护相结合，开展乡村特色旅游。在政府各项举措推动下，四川藏族集中居住区的旅游产业逐渐完善，服务体系和旅游品牌初步形成，旅游业进入快速发展阶段，初步形成以藏文化为主、多文化融合的旅游开发框架。

三、活化路径探析

作为我国传统文化的根基，传统村落只有在活态利用中才能焕发活力。传统村落活化源于文化遗产活态传承，强调资源再利用，在保护的同时实现新发展。传统村落活化，要保留传统文化，是积极和有效的保护,是传统要素与现代功能的有机结合,并非一成不变。①

(一)提高村民的本土文化认同感,增强其村落保护意识和提高参与主动性

传统村落的保护不能完全靠政府,当地村民应该成为保护主体。首先,尊重并满足村民的民生需求,从居住环境、生产条件、网络信息及交通条件等方面为其营造生活环境;其次,加大对民族优秀文化的宣传力度和非遗传承人的扶持力度,唤醒村民对本土文化的认同感和自信心,养成文化自觉性;再次,在村落保护与发展过程中广泛吸纳村民参与,邀请村民发挥主观能动性,出谋划策,以实际行动支持村落的保护和发展;最后,做好传统村落保护法律法规的宣传工作,使村民知法、懂法、用法。只有实现村民活化,让村民转变观念,才能让村民变"被动保护"为"主动保护"。

(二)发展文旅等新兴产业,丰富产业链,提升经济发展水平

资金和人才缺乏是四川藏族集中居住区传统村落保护与发展面临的一大难题,而传统村落产业活化恰恰可以破解这一难题。四川藏族集中居住区传统村落的产业以农牧业为主,因地理位置偏僻和处于高原地区,生产方式陈旧落后,产量和产值较低。对农牧业的

---

① 吴必虎.基于乡村旅游的传统村落保护与活化[J].社会科学家,2016(2):8.

活化，应该在当地传统知识和技术的基础上结合现代科技，创新生产方式，拓展产业链，从而提升农牧产品的附加值和提高经济效益。此外，村落可利用自身丰富的自然和人文资源，发展文化、旅游以及文旅融合等新兴产业，并丰富其产业链，如因地制宜开发乡村旅游、民俗体验、民居接待、文创产品、文化艺术培训、民间手工体验、农牧生产体验等，提升村落经济活力，通过增加就业机会，吸引村民本地就业，从而解决资金和人力困境。

（三）坚持原真性原则，修缮和建构村落景观

在整治和修缮村落历史和民居建筑、修缮村落道路以及复兴民俗活动、恢复农牧业生产活动的过程中，应该坚持原真性原则，真实展现村落的传统文化、民俗风情等。此外，在开发旅游产品和文创产品时，不能一味地迎合游客需求而开发出一些低俗产品，应该坚持原真性原则，深入挖掘当地的人文资源，打造富有当地特色和乡土气息的产品。

（四）不断完善传统村落保护与发展管理体制

管理体制是传统村落得以保护和发展的重要保障。要充分发挥地方政府的主导功能，完善相应的法律法规，建立权责清晰的传统村落保护和发展管理体系，构建县、乡、村三级组织，监督传统村落的规划设计和建设发展。从环境、形态、人文等方面将传统村落分类，确定保护等级，有针对性地落实保护措施，形成优良经验和模式并推广。可适当招商引资，开拓包含政府、村组、个人、外来

投资者等在内的多元资金投入渠道，破解资金难题。创新传统村落的治理模式，在坚持基层党组织领导的基础上，充分发挥乡贤名人的作用，构建共享共治的乡村治理格局。

中国传统村落
文化抢救与研究
文化区系列

Chinese Traditional Villages

第六章

藏蒙传统村落之
云南藏族集中居住区

云南藏族集中居住区位于青藏高原东南缘，就是通常所说的滇西北高原，行政上属于云南省迪庆藏族自治州，包括香格里拉市、德钦县和维西傈僳族自治县（以下简称维西县）。[①]藏族在这里生活已久，由于地理位置特殊，云南藏族集中居住区传统村落自古以来就有自己的特点，既保有居于青藏高原上的藏族的特点，同时云南藏族集中居住区在同内地的交往中，对内地的村落布局和建筑文化有所吸收，再同自身的传统文化相融合，形成了不同于一般藏族集中居住区的传统村落文化特点。总体而言，云南藏族集中居住区传统村落在文化上属于藏族传统文化系统，但又在诸多方面有别于传统的藏族文化，其多元性和独特性具有较高的研究价值。[②]

第一节
云南藏族集中居住区传统村落的风貌成因

一、自然因素

（一）区位因素

迪庆藏族自治州（以下简称迪庆州）是云南省唯一的藏族自治

[①] 强明礼.云南藏族木结构民居特征研究[D].北京：中国林业科学研究院，2016.
[②] 郝娅楠.云南小中甸镇传统藏族聚落与民居建筑研究[D].西安：西安建筑科技大学，2015.

州，也是中国 10 个藏族自治州之一；位于云南省西北部，地处滇、川、藏三省区接合部的青藏高原南延地段，是世界自然遗产"三江并流"腹心区。① 迪庆州辖香格里拉市、德钦县和维西县，州府驻地位于香格里拉市建塘镇。全州少数民族人口占总人口的 83.56%，生活着藏族、傈僳族、纳西族、白族、彝族等 26 个少数民族，藏族人口约占总人口的 33%；傈僳族人口约占总人口的 29%。全州由于地处滇、川、藏三省区接合部，故而藏族集中居住区传统村落充分吸收了三省区的特色，呈现出迪庆州独特的藏族传统村落风格。

（二）地形因素

云南藏族集中居住区地势北高南低，境内"三山挟两江"。三山即梅里雪山山脉、云岭山脉、中甸山脉，自西向东依次排列，两江即澜沧江和怒江。最高海拔为梅里雪山的卡瓦格博峰，高 6740 米，最低海拔为维西县碧玉河入澜沧江口处，高 1486 米。由于受地势、地貌及气候因素的影响，云南藏族集中居住区形成了垂直分布的三种生态环境，即高寒地区、山区和河谷地区。迪庆州地形复杂多样，传统村落聚集点大多分布在中海拔的平坝区、山麓、山坡以及低海拔的河谷地带。②

传统村落的形态因居住地选址的不同而呈现出显著的差异化特征。平坝传统村落选址于群山围绕的平地区域，地势平坦，是迪庆州区位优势最为明显的地区，人口数量多，在该地区形成了"小聚

---

① 邓娜. 雨崩村社会转型中的经济活动变迁研究 [D]. 银川：宁夏大学，2017.
② 郭楠. 城镇化背景下的传统聚落空间形态传承与发展研究：以云南地区为例 [D]. 昆明：昆明理工大学，2010.

落、大聚居"的聚落分布格局,村落沿交通道路而建,被包围绕在农田之中。① 山地聚落分开放型与封闭型两种。开放型山地聚落多选址在山麓缓坡,依靠村落交通要道,与外界联系紧密,但民居建筑封闭,对外界防御性强。封闭型山地聚落多选址在地势较高的山地,背倚大山,距交通要道较远,与外界联系不畅。河谷传统村落主要分布在迪庆州的澜沧江与金沙江的两岸向阳台地上,选址在水系与交通要道之间,依河谷走势呈等高线分布。

(三)气候因素

迪庆藏族自治州属于温带—寒温带,属季风气候,干湿季分明,雨量各地分布不均,局部小范围地形雨对局部小气候影响较大。由于水平方向纬度的增加与垂直方向海拔的增高相吻合,气候垂直变化十分明显,分布了寒、温、热三种气候带类型。州境内可分为4个气候带:海拔2300米以下的河谷属于南温带,气候燥热;低海拔地段属于中温带;中海拔地段属于北温带;高海拔地带属于高寒区,属于无人区。香格里拉市高寒坝区气候寒冷,降雨降雪较多,此地藏族民居多为"闪片房"。"闪片房"厚达1米的夯土外墙,少而且小的窗洞,很大的进深,这些建筑特征都是为了保温抗寒。德钦县干热河谷地带光热资源丰富,干热少雨,此地传统藏族民居多为土掌碉房,碉房的厚墙、多窗、内天井则主要是为了通风散热。

---

① 庞鑫.传统民居建筑与村落聚居形态研究——以迪庆藏族民居为例[J].建筑工程技术与设计,2019(19):82.

第六章 | 藏蒙传统村落之云南藏族集中居住区

图 6-1
位于高寒坝区的
"闪片房"

（四）本地材料及建造工艺因素

本地材料的巧妙运用及独特的建造工艺也是传统村落凸显其地方特色的重要因素之一。迪庆藏族民居的夯土墙就是就地取材，运用独特的传统建造工艺（类似于今天的现浇混凝土）夯筑而成的。其建造过程是诗情画意的，而建造结果是使建筑像从土壤中生长出来一样。"闪片房"的"闪片"屋面也是独特运用当地材料的代表。冷杉林是亚高山针叶林中分布最高、最广、最耐寒的森林类型，云南的冷杉林多分布于海拔 3500—4200 米的高大山体上部，迪庆香格里拉是其中的一个重要分布点。冷杉组织疏松，木纹顺直；用楔劈法手工劈成厚 2—3 厘米，宽约 20 厘米，长 90—120 厘米的木片，即"闪片"。[①]"闪片"板面上有一条条自然的细长小沟，

---

① 翟辉.从传统民居中找寻地区主义建筑的"根"——以迪庆藏族民居为例[J].建筑学报，2000（11）：28.

便于排水;将"闪片"直接覆盖在木檩之上,交错搭接,犹如今天的百叶,利于通风而不致漏雨。"闪片"重量轻,抗冻性能好,翻修方便,使用周期长,为可再生资源,其优良性是当地黏土无法替代的。①

二、文化因素

(一)宗教文化

云南藏族集中居住区的藏族民众同西藏自治区的藏族民众拥有共同的信仰——藏传佛教,这使得该地区的传统村落被打上了深深的藏文化烙印。大大小小的村寨都有寺院、玛尼堆、经轮房,玛尼堆在远古时期是用来供奉山神或作为区域划分的标志,后成为寺院转经路上的重要节点。

宗教文化在藏族民众日常生活中的体现如下:民居中专设经堂,供人们供养众神,每天早晚主人定时诵经、燃香,肃穆庄严;民居装饰采用大量的宗教装饰手法,经堂中摆放经幡、佛像、唐卡等神物,装饰图案以日月、八宝图等藏传佛教传统图案为主。

(二)地方民俗

地方民俗在传统村落民居中的体现,真实反映了云南藏族集

---

① 高建国.香格里拉独特藏式民居"闪片房"的生态文化思考[J].城市地理,2017(8):150.

中居住区独特的地理环境和气候,也反映了藏族集中居住区人民的生活方式、物质与精神需求。[①]在云南藏族集中居住区,当地人形成了随季节更替而变换生活空间的生活方式,这种迁移式的生活方式是云南藏族集中居住区的人们对环境的顺应,世代流传,并逐渐形成了一种固有的模式,最终演变为一种习惯和规范。

除此之外,畜牧牛羊、种植青稞、伐薪生火是迪庆州居民较为传统的生活方式。平缓的屋盖构造、中心柱构造、火塘空间与经堂空间设置、人畜居于一室等细节反映了藏族集中居住区居民的居住习俗与环境、自身需求之间的关系。尽管有些民居细节没有太多实用价值,但经世代流传,仍衍生为一种符号和象征,融入民俗之中。

图 6-2
挂满谷物的青稞架

---

① 李天依.传统村落规划的前期策划研究——以迪庆藏族自治州为例[D].昆明:昆明理工大学,2016.

三、社会因素

（一）人口迁移

迪庆州除了藏族外还居住着其他少数民族，如傈僳族、纳西族、彝族、白族等，这些因其他少数民族的人口迁移所形成的村落对迪庆州传统村落的整体空间格局产生了一定的影响。一方面，外来人口迁移成为迪庆州传统村落的真实写照；另一方面，由于受严酷的自然条件和地理环境的影响，迪庆州一些本地藏族群众把整个村子搬到了其他地方，这种人口大量迁移使得传统村落的原貌受到了影响。

（二）其他社会变迁活动

旅游业发展给藏族集中居住区传统村落带来的影响不容忽视。近年来，随着迪庆州旅游业的快速发展，藏族集中居住区对外开放程度不断加深，外来游客给当地藏族传统村落带来了不小的文化冲击。藏族民居建筑也在吸取更多的外来成分，慢慢改变着民居的原有布局。许多民居成为供游客休闲的场所，除了满足游客的舒适性要求之外，也开始追求艺术美感。随着旅游业的进一步发展，越来越多的外来商户开始在这里办民宿客栈，很多原住居民把住宅租给外来商户经营，久而久之，部分传统村落已经成了"客栈村"。

第二节
云南藏族集中居住区传统村落的地理分布与类型

一、地理分布

云南省是我国传统村落分布最多的省份，迪庆藏族自治州由于传统村落保存较为完整，成为云南传统村落分布相对集中的地区之一。滇西北地区入选第一至第三批中国传统村落名录的村落总共164个，占了全省的三分之一，其中，大理白族自治州有94个，丽江市有48个，迪庆藏族自治州有20个，怒江傈僳族自治州有2个。依据国家公布的名单，2012—2019年，迪庆州五批次共有21个村落入选国家传统村落名录，其中藏族传统村落共9个。从中国整体传统村落分布情况来看，迪庆藏族自治州的传统村落占比很小。

迪庆州的藏族传统村落在全州范围内分布较为平均，香格里拉市、德钦县、维西县均有分布，三地交界处较为集中。

二、村落类型

迪庆州境内地形地貌复杂多样，因高山、河谷、坝子等不同地形形成了垂直多变的立体气候和丰富的自然环境，伴随着民族迁移或整合，形成了形态各异的聚居村落和建筑形态，是云南乃至全国传统村落风貌最具民族特色的地区。[①] 按照自然风貌、区位条件、支柱产业以及保护发展模式的不同，迪庆州的传统村落可划分为以下四种类型。

（一）自然民俗型

这一类村落是最为典型的滇西北地区传统村落。自然环境优美，传统建筑群保存完好，蕴含藏族风情和藏族传统民俗。霞给村被誉为"香格里拉第一村"，是典型的藏族聚居村落，生产以农业和畜牧业为主，信奉"天地人神"，所有藏族古老生活方式都在这个村落中呈现，它承载了传统的藏族农耕文明和信仰文化，是传统村落各项价值要素最好的载体。

（二）特色产业型

这一类村落不同于其他传统村落，自身有特色产业支撑。汤堆村便是这一类型的传统村落。村落位于香格里拉市尼西乡汤满行政村，以藏族村民为主。除传统农业外，汤堆村还有两个重要的经济来源：一是传统木碗制作，二是传统黑陶制作。黑陶不仅是历史悠久的传统手工艺品，而且还有很高的学术价值。汤堆村的黑陶工艺远近闻名，是村里的支柱产业。

[①] 郭楠.城镇化背景下的传统聚落空间形态传承与发展研究：以云南地区为例[D].昆明：昆明理工大学，2010.

图 6-3　霞给村

（三）旅游发展型

旅游业带动了当地许多传统村落的发展，形成独特的旅游发展型传统村落。这一类村落区别于传统的藏族传统村落，受外来文化影响较大，形成了以服务游客为核心的功能布局，建筑设施比较现代化，商业氛围浓厚，村民的生产生活也围绕旅游业展开。小街子村和雨崩村便是其中的典型代表。

小街子村位于 AAAAA 级风景区松赞林寺，目前已经建造了大型酒店用于旅游接待，村民也自主建造了一些民宿客栈。即使村民仍坚守传统的藏族生产生活方式，但逐步发展起来的旅游产业势必会使村落发生转型。雨崩村是一个相当闭塞的藏族村寨，位于云南省西北部的雪山脚下，地处我国世界自然遗产"三江并流"地带。雨崩村不仅自然资源丰富，风景秀丽，而且具有珍贵的文化价值。由于旅游开发，雨崩村已经成为国内外知名的旅游传统村落，许多游客慕名而来，这在很大程度上改变了雨崩村的村落面貌和氛围，村民围绕旅游业开展生产活动已经相当普遍。

（四）原始生态型

这一类传统村落大多位于偏僻、与世隔绝的地区，很少受到城镇化的影响，村民的民族类型和信仰高度统一，人居环境相对薄弱。[①] 尼汝村分布在尼汝河东岸，村落以小群居方式依山而建。周围古树苍松，溪水潺潺，森林繁茂，是香格里拉的后花园，被誉为"世界第一生态村"。由于地理位置较为偏僻，尼汝村的藏族传统村落文化保存相对完好，居民传统生产生活方式特色浓郁，至今仍是一个民族风情浓郁的高寒山区藏族村寨。除尼汝村外，足汝村、托洛顶村也是这一类村落的典型代表。

---

① 郭楠.城镇化背景下的传统聚落空间形态传承与发展研究：以云南地区为例[D].昆明：昆明理工大学，2010.

第三节
云南藏族集中居住区传统村落的物质文化景观

一、村落的形态布局

（一）村落与环境关系的因应处理

云南藏族集中居住区传统村落少有人工规划的痕迹，大多为自然形成的，受气候、地理条件、生产生活方式等自然和人文环境制约较大，其分布和形态呈现出较大的灵活性和顺应自然环境的自然性，天、地、人、神的相融共生是云南藏族集中居住区传统村落最明显的特征。[1]

天主要指气候，它在一定程度上决定一个地区的文化、风俗礼仪的深层次结构。云南藏族集中居住区传统村落的分布就是以地区的气候和生态为基本出发点的。香格里拉高寒地区的"闪片房"和德钦干热（温）河谷的"土掌碉房"都是遵循气候条件的产物。

地即地理，包括地形、地貌、地景、水系水源等。地理环境为当地藏族村民提供了大量的馈赠，也给传统村落的布局带来了很多限制，顺应自然、因地制宜是当地传统村落的显著特征。因山就势，就地取材，云南藏族集中居住区人民不仅创造了扎根大地的传统村落、民居及建造艺术，还创作了与神灵交流的大地艺术。

---

[1] 翟辉，柏文峰，王丽红.云南藏族民居[M].昆明：云南科技出版社，2008.

人即人文，也指当地人实实在在的生活。畜牧牛羊、种植青稞、伐薪生火是当地藏族村民传统的劳动方式。因此，当地传统村落的布局都是依循传统生产生活方式来进行的，既适应自然环境，又满足了日常生活的需求，产生了多功能、高效的村落布局空间。

神即宗教信仰。云南藏族文化是以藏传佛教为中心的，其传统村落分布和内部布局具有明显的宗教特征。村落中的经堂、中柱、神龛等被深深地打上了藏文化的烙印，神山的神旗、村口的玛尼堆、白塔、转经筒等均是藏族村落的精神中心。

（二）村落的总体布局形态

云南藏族集中居住区传统村落的布局往往根据所在地的地形地貌自然发展，呈现出与地理环境整体统一的共生关系。所以当地传统村落的布局一定是以适宜的自然生态系统为轴心展开的，合理的布局与人们的日常生活、农业生产及自然环境紧密相连，息息相关。云南藏族集中居住区传统村落的布局形态主要有以下三种：

一是放射状村落型。以公共空间为中心，如藏族的转经房、寺庙等，呈放射状向外延伸布局，外轮廓或圆或方，形成视野开阔的空间形态。

二是带状村落型。即沿单条或多条线呈带状分布的村落，村落沿地形或水流方向延伸，形成带状主体空间。影响云南藏族集中居住区带状传统村落布局的因素有两个：一是地形因素，依山脊或谷底分布；二是经济因素，沿交通驿道分布。

三是散点状村落型。这种布局在云南藏族集中居住区较为常见。迪庆州因地形复杂，村落布局多随地形的变化而变化，没有固定的形态，呈自然发展状态。村落中同类型建筑自然布局、扩展，构成了不断生长的自然形态，这样的村落不再是单体建筑的简单总和，而是各部分之间非刻意的自然有机联系的整体。

（三）村落的空间格局

云南藏族集中居住区传统村落的空间布局受到藏传佛教思想的深刻影响。村落的神圣空间为寺院、佛堂等，是全村举办活动、召开集会的重要场所，位于村落的地理中心。村民家里的格局与布置同样遵循严格的等级秩序。佛堂必须设在房屋顶层，其下是卧室和公共空间。条件稍好的家庭会给僧侣准备专门的休息室，一般与家中经堂设立在一起。

随着藏族集中居住区旅游业的不断发展，藏族集中居住区传统村落逐渐开发了藏式家访、藏式客栈等旅游体验项目，传统的藏式民房被改建成融合了现代元素的旅店、饭店、酒吧等场所。景区附近开发了售卖藏族集中居住区土特产、藏式手工艺品的商品街区。

二、村落的室外空间类型及其特征

（一）村落里的主要聚集空间——藏传佛教寺院

云南省迪庆藏族自治州的众多藏传佛教寺院（民间俗称喇嘛寺）分布在滇西北迪庆藏族自治州的高原雪山间，成为云南藏族集中居住区民众主要的聚集空间。著名的藏传佛教佛寺有宁蒗县永宁

图 6-4 松赞林寺

乡的扎美寺、香格里拉市的松赞林寺等。云南藏传佛教佛寺大多建于河谷、山间的平缓地带，平面布局分方形和圆形两种。主体建筑居中，其他建筑或居四角，或以主体建筑为中心呈"十"字展开，暗合佛教"五方四天"之说。[①]

云南藏传佛教建筑的基本样式为平顶的石木结构建筑。这些佛寺体量高大，门柱厚实，一般为两到三层。佛寺剖面呈梯形，外墙上修有多扇音窗（假窗），并有许多横向装饰。佛寺一般由经堂、佛殿、噶厦、扎仓与康

---

① 邢毅.云南社科普及系列丛书：云南民族建筑[M].昆明：云南大学出版社，2014.

参等部分组成，经堂是诵经之地，佛殿供奉佛像，噶厦在1959年之前是藏传佛教政教合一的办公机构，扎仓为佛学院，康参是同一个地方来的喇嘛集中居住的僧舍，由喇嘛来源地的乡民捐助修建，通常看康参的名称就可以知道居住在里面的喇嘛是从哪个地方来的。

大殿中央供奉佛像，因藏传佛教寺庙大殿内供奉的佛像高大，但建筑进深很小，故内部呈空筒式，在空筒四周又修有层数不等的围廊。各层围廊间有楼梯相通，可以逐层上达。佛像周围摆满法器，四壁绘有色彩斑斓的宗教壁画。大殿和经堂都悬垂红色帐幔，其间香烟缭绕，灯影熠熠，别具庄严而神秘的气氛。

（二）村落里的宗教生活和重要节庆的空间

宗教生活是云南藏族集中居住区传统村落村民日常生活的重要内容，宗教设施及活动空间非常重要，也是当地村民举行节庆活动的重要空间。具有代表性的空间包括经堂、神山、烧香台、佛塔、玛尼堆等。

1. 经堂

公共经堂一般由两个部分组成，一部分是公共议事聚会的场所，在迪庆藏语中被称为"西康"，意为"公堂或公房"，另一部分被称为"洞科"，意为举行拜佛、转经、念经等活动的场所。在藏传佛教参与世俗事务过程中，"西康"成为联系僧侣、寺院和世俗之间的纽带。公共经堂散布在各个村落，它是民众念经、拜佛的重要场所，也是公共议事堂；寺院进行大规模的念经活动和法会庆典时，也会在此得到应有的响应。

图 6-5
经堂

2. 神山

神山是一方土地之王，每座寺院和每个村落都崇奉特定的某座山为神山。神山上设有烧香台和旗堡等设施，每逢节日，此地便会举行烧香诵经活动。家家户户必到，人山人海，热闹非凡。神山是整个云南藏族集中居住区不可缺少的宗教活动场所。

3. 烧香台

藏语称烧香台为"桑拉"或"桑托"。烧香台分布广泛，从寺院到圣地，从神山到村落，甚至一些平常百姓的院舍内均有设置。村民烧香活动多在室外进行，所采用的烧香方式也不是使用香烛制成品的插香式，而是采用"燃香式"，即分别在不同的场合把普通的树枝叶、柏枝叶或某种含香的树枝叶放到香炉中点燃。在某些重要场合，还要添进一些特制的香料。为与这种燃香方式相适应，藏族集中居住区所用的烧香炉不是盂状的容器，而是依照炉灶原理设计的烧香台。

图 6-6
梅里雪山

图 6-7
佛塔

4. 佛塔

藏传佛教的佛塔以巨大的圆锥形覆钵（塔身）而形成独特的风格。佛塔体积庞大而坚固，凸出的曲线显示出向四方舒张的特点。塔身虽粗大，却不用来居住，只供瞻仰。塔身洁白，象征安谧、宁静和圣洁。佛塔是云南藏族集中居住区居民用以装藏舍利和经卷等物的宗教建筑，高 2—3 米，基座周长约 4—5 米，为四边形，土石混合结构。

图 6-8
玛尼堆

5. 玛尼堆

玛尼堆既是藏传佛教中的祈祷法物,也是转经场所。玛尼堆是将刻有"六字真言"的石块或石片置于来往行人较多的山口、道旁,过路的人们不断往上添加石块,日久成堆。村民视玛尼堆为神圣之地,每经此地,常会捡一小石块置于玛尼堆上,如有时间,还会口念"六字真言"绕上三圈。

(三)村落里的道路空间

迪庆州境内河流纵横,长峰巨岭绵延,道路千回百转,狭隘崎岖。以前当地居民的出行主要靠人背马驮,靠金沙江、澜沧江上的"猪槽船"。现在云南藏族集中居住区的道路交通有了很大改观,不仅高速公路通达,农村公路也通畅便利。截至 2019 年年底,全州 29 个乡镇实现了乡乡通油路、通客车,193 个行政村均已实现通畅。香格里拉市、德钦县、维西县的农村公路通达率达到100%，香格里拉市于2019年被评为"四好农村路"省级示范市和国家级示范市。

三、村落里的建筑景观

（一）民居建筑景观

云南藏族集中居住区内的住房，因地势、气候的差异，风格也不尽相同。香格里拉地区地势较为平坦，民居建筑多为三楹两层的楼房。楼房的左、右、后三面筑土为墙，墙体大约有七八十厘米厚，冬暖夏凉。楼房的正前方是通道走廊，前檐是双层木斗拱。楼顶多半是用木头劈成的厚木板覆盖，俗称木瓦。木瓦既轻便，又不容易被寒霜冻裂。楼房里有一根特别粗的中柱，年节期间贴上用红纸书写的"中柱大吉"条幅，十分醒目，象征全家人像中柱一样顶天立地，吉祥如意。楼房的一层是畜厩，用来积肥、储藏饲料。二层是火塘、神龛、厨房、宿舍、仓房、经堂、客堂等。此地的民居建筑大多是单家独户，堆积柴禾、饲养牲畜、挤奶等都在自家院内。整个民居的建筑轮廓雄伟壮观而古朴典雅。①

迪庆州德钦县因属于河谷地带，民居多为平顶碉房式建筑，正面朝阳，远看像布达拉宫的缩影。② 房屋一般比其他地区要高，多

---

① 杨知勇，等.云南少数民族生活志[M].昆明：云南民族出版社，1990.
② 赵西子.滇西北藏族传统民居"土掌碉房"营造技艺调查研究[D].西安：西安建筑科技大学，2018.

为三层，最高者达五层。一层作畜厩，二层作厨房、卧室、仓库，三层作经堂，楼顶作阳台，可作晒粮之用。每家的房屋虽然层次重叠，但色彩协调，室内采光充足，住在里面仿佛有一种高原宫殿的神秘感。

（二）宗教建筑景观

藏传佛教建筑在云南藏族集中居住区非常普遍，成为当地传统村落物理空间的重要构成和特色元素。由于云南省迪庆州地处高原，降雨量小，佛寺建筑的檐口都很短，檐口下是一排整齐的椽子，统一漆成白色。在立面的中央，装饰着高耸的法轮，屋角四方矗立着各色经幡。在寺院正面的廊柱上，经常悬挂着巨大的白色（或红色）帐幔。[①]

1. 造像

迪庆州和丽江市的藏传佛教佛寺中供奉着大量的藏传密宗佛像与神像，主要有大日如来、金刚持，此外，还有观音菩萨、普贤菩萨、四大天王及格鲁派创立者宗喀巴、吐蕃王松赞干布、达摩祖师等的造像。在靠近神山圣水的佛寺里还供奉当地的保护神，如德钦县飞来寺里供奉着梅里雪山保护神卡博瓦格太子的造像。这些佛像或神像与上座部佛教的塑像风格迥然不同，但与藏传佛教的佛像风格一脉相承，神圣而威严。

[①] 邢毅.云南社科普及系列丛书：云南民族建筑[M].昆明：云南大学出版社，2014.

2. 壁画

藏传佛教壁画主要分布在香格里拉市的藏经楼、松赞林寺，德钦县的东竹林寺、飞来寺，丽江市宁蒗县永宁乡的扎美寺、瓦拉片等地。云南藏族集中居住区藏传佛教壁画的造型和艺术风格明显受到西藏和青海藏族绘画风格的影响，主要按《佛说造像量度经》的形制规范绘制，从画面布局到人物形象、法器组合都中规中矩。

3. 唐卡

唐卡是用彩缎装裱后悬挂供奉的宗教卷轴画，是藏族文化中一种独具特色的绘画艺术形式。其绘制工艺复杂，主要有绘前仪式、制作画布、构图起稿、着色染色、勾线定型、铺金描银、开眼、缝裱开光等一整套工艺程序，制作时间较长，短则半年，长则10余年。绘制颜料传统上采用金、银、珍珠、玛瑙、珊瑚、松石、孔雀石、朱砂等矿物颜料及藏红花、蓝靛、大黄等植物颜料，这些天然原料使唐卡色泽鲜艳，保存长久。[①] 在题材上看，有宗教画、历史画、风俗画，也有反映天文历法和医药等方面内容的绘画。[②]

4. 酥油花

酥油花是用酥油制成的一种特殊形式的雕塑艺术，在藏传佛教中常被用做供品。酥油花虽以"花"著称，但题材和内容丰富多彩，主要以佛祖诸神、花鸟鱼虫、飞禽走兽等组成形象完整的立体画面，并在有限的空间里表达出各种故事情节，力求传神达意。

[①] 周宁婧.迪庆藏族唐卡造型艺术研究[D].昆明：昆明理工大学，2010.
[②] 马赫.浅析唐卡艺术的狞厉之美[J].明日风尚，2017（22）：4.

(三) 公共建筑景观

云南藏族集中居住区传统村落的公共建筑是满足村民交流、集会、议事、祭祀、庆祝、学习和休闲等公众活动的场所，是村寨共同体的必备空间，起到凝聚人心、教育村民和传承习俗的作用，符合以血缘关系为纽带而聚集的村寨需要。①

1. 桥

云南藏族集中居住区地处"三江并流"地区，高山大江汇集。特殊的地域文化和地理环境决定了云南藏族集中居住区古桥建筑形式的多样性。云南藏族集中居住区民众就地取材，古桥梁的桥型随山势地貌的变幻而变化，依势造桥，因此有了悬索桥、藤桥、竹桥、木桥、石桥等各种材质和形式的桥。云南藏族集中居住区的桥梁形式主要有梁式桥、伸臂式桥、铁索桥和石拱桥等四大类，其中以石拱桥居多。②

2. 戏台

戏台又称戏楼，是传统戏曲演出的专门场地，是传播大众文化的重要场地。

戏台多建在祠堂和神庙的院落里，为戏剧表演提供固定的表演场地，在服务各种演出人员的同时，也和演员一道，成为人们关注的对象。因此，戏台往往是祠堂或神庙中最华丽、最引人注目的单

---

① 邢毅.云南社科普及系列丛书：云南民族建筑[M].昆明：云南大学出版社，2014.
② 陈铭阳.云南古桥的卓跞风姿——《云南古桥建筑》评介[N].云南日报，2010-10-15(010).

体建筑。从建筑形制和装饰工艺看，戏台与祠堂或神庙间没有明显的等级关系，只是风格不同：戏台多华丽精巧，神庙庄重威严，两者皆可能是高度最高的建筑。

3. 行善设施

云南藏族集中居住区民众多信奉藏传佛教，受佛教伦理规范影响，当地民众以行善积德为做人准则，在村落中设置了很多行善设施。

第四节
云南藏族集中居住区传统村落的非物质文化景观

一、宗教文化景观

（一）宗教信仰

云南藏族集中居住区的宗教信仰具有多样性与复杂性。7—8世纪，象雄王朝势力进入滇西北，本教随之传入。清朝时，本教在云南藏族集中居住区受到排挤，日渐衰落，但至今仍有传播。大约在10世纪，藏传佛教传入云南藏族集中居住区，直至今天，藏传佛教仍然是云南藏族集中居住区的主要宗教。到了近代，随着基督教的传入，基督教在云南藏族集中居住区、傈僳族集中居住区广为流传。

此外，由于云南藏族集中居住区地处青藏高原与云贵高原的交汇带，纵列的高山峡谷使这里自古便成为多民族交往的重要通道和人口迁徙的重要走廊，各民族的宗教信仰也在这里交汇传播。这种多宗教并存的局面和文化现象，在中国诸多藏族集中居住区中唯有云南藏族集中居住区最典型。

（二）祭祀活动

1. 百谐

百谐是流传在藏族集中居住区的一种古老祭祀仪式。2017年6月，百谐被云南省政府列入第四批省级非物质文化遗产代表性项目名录。百谐产生于1000多年前的格萨尔王时代，早期是战前动员和鼓舞士气的方式，后来逐渐演变成集宗教、舞蹈、说唱艺术于一体的民间祭祀活动，成为民众节庆聚会时的一种娱乐性的文艺表演项目。

2. 拉泽

拉泽是云南藏族集中居住区山区传统村落普遍流行的祭祀活动。在每年固定的时间里，全部族或家族，甚至一方百姓一起去修建拉泽，祭拜山神。祭祀内容主要是维修拉泽，插上新的树枝和带有白羊毛的剑及经幡等。

3. 桑确

藏语中"桑"的本意是净化、除垢;"确"是奉献、祭祀的意思。桑确是在祭坛上堆放柏枝、糌粑、酥油以及不同形状的"朵马"等祭品,用火将其点燃,最后朝祭品上洒净水,以此献祭神灵。

二、民俗文化景观

(一)日常生活

云南藏族集中居住区传统村落的生产方式为半牧半农形式。主要畜养绵羊、山羊、牦牛、犏牛;主要种植青稞、小麦、荞麦、马铃薯、蔓菁等;主要饮食为糌粑、酥油茶、青稞酒、肉食、奶制品等。云南藏族集中居住区的传统服饰具有多样性和艺术性,有"隔村不同服"之说,尤以女性服饰为典型。藏族民居建筑主要分为干热河谷地区的碉楼式和多雨山区的板楼式。

(二)节庆活动

云南藏族集中居住区传统村落的节庆活动主要有藏历新年、转山节、赛马节、登巴节、神山节、箭友节、格冬节等。节庆活动是祖祖辈辈流传下来的传统文化,蕴含了这个民族最为精华、最为珍贵的文化内涵。无论是在生活之中,还是在特定的节日之中,都体现出了民族的传统礼仪文化,为藏族这个古老而神秘的民族添加了几分淳朴之风。

"卡甲"盛行于德钦县藏族集中居住区,以云岭乡西当村的"卡甲"最典型。①"卡甲"是一种颇具民族特色的集体活动,是劳动人民在长期的社会生产生活中逐渐形成的一种文化娱乐表现形式,是劳动人民的智慧结晶。2017年6月,"卡甲"习俗被云南省政府公布列入第四批省级非物质文化遗产代表性项目名录。

(三)婚丧嫁娶

云南藏族集中居住区传统村落的婚俗礼仪有一套完整的礼仪制度。以前藏族大多实行包办制婚姻,男女双方并没有选择的权利,甚至在结婚之前都没有见过对方。如今随着社会发展,男女双方可以自由恋爱,也拥有婚嫁的主动权。②

图 6-9
藏族婚礼

---

① 根秋多吉,周华.泽旺吉美:让世界了解藏民族文化[N].甘孜日报,2008-12-06(001).
② 向琨.迪庆藏族婚俗舞蹈研究[D].北京:中国艺术研究院,2013.

典型的藏家婚礼是通过歌唱和对唱的形式进行。在举行婚礼前，送亲一方要在亲族中选两名能说会唱、歌才出众的长者任拔本（喜官），代表送亲一方主持婚礼。迎亲一方要在家族中选两名出类拔萃、说唱全才的行家担任赘本（待客官），代表迎亲一方主持婚礼。在婚礼的不同流程演唱不同的曲调，整个婚礼在歌唱高潮中结束。

云南藏族集中居住区传统村落主要存在土葬、天葬、水葬、火葬四种殡葬方式。土葬是一种较为传统的殡葬方式；水葬在金沙江沿岸藏族集中居住区较为普遍；火葬仅适用于活佛。不论何种丧葬，亲朋邻里会不约而同地前去吊唁，并停止一切娱乐活动，表示对亡者的哀悼。

（四）传统礼仪

1. 献哈达

献哈达是藏族群众日常交往中常见的一种礼仪，常在觐见佛像、建房竖柱、认错请罪、拜会尊长、送别迎亲、馈赠亲友时使用，表示恭敬、祝贺，表达纯洁、诚挚之心。献哈达时，必须将哈达叠成双层，整整齐齐，把有棱角的一边朝向对方，躬身俯首，双手奉献，以表恭敬和诚意。接受哈达的人要弯腰低头，双手承接，以表谢意。通常给活佛、官员、长辈敬献哈达时，献者要躬身并双手捧献哈达至头顶，献到对方手里或献放于座前桌上，也可通过代理人转献，但绝对不能将哈达直接挂在活佛、官员、长辈的脖子上。同辈之间献哈达，献者一般略躬身，把哈达呈送到对方的手臂上。给晚辈或下属赠哈达时，赠者可将哈达送到对方手中，也可挂到对方的脖子上。节日之际,人们互献哈达表示庆贺。举行婚礼时献哈达,意味着庆贺新禧,祝愿新婚夫妇恩爱如山,白头偕老;迎送宾客时献哈达,表示对远方来客的热情和敬意;佛法盛会上向活佛献哈达,表示对佛的无限敬仰和信徒的虔诚之心,同时也向活佛祈求吉祥如意;举办葬礼时献哈达,表示对已故者的哀悼和对其亲属的安慰。

2. 敬酒

只要有客人光临,主人先敬青稞酒,客人喝酒时,先用食指沾酒向天弹三次,祝"扎西德勒"后再喝,若客人酒量不大,经主人同意,也可不喝,以示礼节。

3. 敬茶

主人要请来家的客人喝酥油茶。来客进屋入座后主人便端碗斟茶,斟茶时不能将碗倒满,客人喝过一口后,方可斟满,表示主人大方、不吝啬。客人告辞时,茶碗里的茶不能全喝完,表示对主人的尊敬和礼貌。

(五)特色饮食

云南藏族集中居住区主产青稞、小麦、荞子、洋芋,河谷地带还有稻谷、玉米等。藏族以青稞、小麦为主粮,以酥油糌粑为主要食物。将砖茶熬为浓液,加酥油、食盐,在特制的木桶中搅拌成水乳状,就是酥油茶。将青稞烫洗后用火焙熟磨为细面,便是糌粑。全家围坐火塘进食,以奶渣、红糖、肉类佐餐。牛羊肉多做成干巴。将猪去掉内脏,剔骨后加沙盐佐料,然后缝合压上石板腌成

"琵琶肉",色香味俱全,《滇南新语》称赞它"薄腻若明珀,形类琵琶",曾销往内地,深受各族人民喜爱。藏族擅长制作面食,德钦妇女巧手善制花样翻新的油炸果,香格里拉妇女手工制作的人工蛋面,喇嘛们特制的吉祥结油炸果、龙眼包子都是色味俱佳的食品。云南藏族通常为一日三餐,农忙时四至五餐,大体早、午餐吃糌粑、粑粑、酥油茶,晚餐多吃米饭或面条。农村实行生产责任制后,洋芋大面积丰收,大部分可以输出,用于交换大米。

(六)方言

迪庆藏族语言属汉藏语系藏缅语族藏语支康方言南路土语[①],与四川巴塘、理塘、乡城、稻城、得荣以及西藏芒康等地同属康巴方言南路土语群。迪庆藏语方言又可分为香格里拉土语区、德钦土语区、东旺土语区、维西土语区。文字方面使用全国藏族集中居住区通用的藏文拼音文字。藏语为迪庆藏族人日常生活中的主要交际工具,语言优美,敬语词多,词汇丰富。

三、文化艺术景观

(一)民间文学

云南藏族集中居住区最为著名的民间文学是《格萨尔王传》。

---

① 王富银,史文洁.云南省迪庆州藏族语言使用现状调查研究[J].现代语文,2018(9):169.

《格萨尔王传》是一部以说唱形式反映藏族古代历史文化的英雄史诗，大约产生于古代藏族氏族社会开始瓦解、奴隶制的国家政权开始形成的历史时期。在藏族内部跨越时间纵向传播的同时，《格萨尔王传》还跨越了民族的界限，突破了空间束缚，在蒙古族、土族等民族的广大地域内进行着横向传播。《格萨尔王传》在中国内蒙古、新疆、青海等省区的蒙古族地区，与蒙古族文化结合，经过蒙古族人民的再创作，发展为一部具有鲜明蒙古族特色的史诗《格斯尔》。在土族地区流传时，形成了土族语、藏语两种语言相间，以土族语述说散文部分，以藏语吟唱韵文体诗文部分的独特说唱形式。

（二）民间舞蹈

1. 热巴舞

热巴舞是藏族灿烂文化艺术中的奇葩，具有很高的艺术价值和研究价值。它流传到迪庆州境内后，不仅由藏族传承，还被傈僳族和纳西族学习并传承下来。热巴舞在迪庆各地传承的过程中又融入了当地的地域文化，形成了迪庆热巴舞。

2. 锅庄舞

锅庄是一种普遍流行于藏族集中居住区的无器乐伴奏的集体圆圈歌舞，又称果卓、歌庄、卓等，藏语意为圆圈歌舞，是藏族四大民间舞蹈之一。

3. 弦子舞

弦子舞是当地藏族人民表达思想感情的重要形式之一，广泛流传于德钦县的村寨。弦子舞，藏语称"仪"，意为载歌载舞的游戏，是一种有乐器伴奏的群众性的自娱圆圈歌舞。

（三）民间工艺

藏族劳动人民大多是能工巧匠，在长期的生产生活实践中发明创造了许多既实用又美观的生产生活用具，成为精美的民族工艺品。比较典型的藏族集中居住区民间工艺如木碗制作技艺、藏族黑陶烧制技艺、藏刀制作技艺、藏族雕版印经技艺、藏香制作工艺等。

1. 木碗制作技艺

香格里拉木碗制作技艺历史悠久、工艺精致、世代相传，其历史可追溯至1000多年前。传说，随文成公主进藏，因病留在此地的汉族手工艺人根据当地藏族居民的生活习惯及生活需要，就地取材，因地制宜制作出木碗、糌粑盒、酒杯等生活用具，后经历代手工艺人不断改良，成为当地特有的手工艺品。

2. 藏族黑陶烧制技艺

藏族黑陶烧制技艺流传于迪庆藏族自治州尼西乡汤堆村，是藏族的传统手工艺，由男性传承。2006年5月，"香格里拉黑陶

图 6-10　香格里拉木碗

图 6-11　藏族黑陶

制作工艺"被云南省人民政府列入第一批省级非物质文化遗产代表性项目名录，2008年，"陶器烧制技艺（藏族黑陶烧制技艺）"被国务院列入第二批国家级非物质文化遗产代表性项目名录。

3. 藏刀制作技艺

藏刀制作技艺已有接近 2000 年历史，早在公元 1 世纪左右，吐蕃就掌握了铜、铁、银的冶炼技术，止贡赞普时代就有明确记载开始锻打腰刀和盔甲。藏刀是直刃、单锋、圆弧刀尖，刀背起脊、复合锻造，这些特点与出土的唐代长刀非常相似。[①]

---

① 更云. 藏刀之瑰丽[J]. 轻兵器，2019（1）：64.

4. 藏族雕版印经技艺

藏族雕版印经技艺流传于香格里拉市、德钦县、维西县等地的藏族区域，目前藏族传统雕版印经技艺主要传承于香格里拉印经院、全州藏族集中居住区的寺院和部分村落。藏族雕版印经技艺的造纸、制版、印制等，基本保持了13世纪以来的传统方法，为世界印刷文明提供了不可多得的原始例证。

5. 藏香制作工艺

藏香是藏传佛教文化的重要载体之一。相传，真正的藏香制作工艺是由吐蕃七贤之一的吞弥·桑布扎于7世纪前后，从佛教发源地印度引入的，后融入了西藏本地特色，距今已有1300多年的历史。藏香主要用于日常祈愿、朝圣拜佛、养生治病等。①

图 6-12
藏香

---

① 黄鑫宇，张婧.藏香历史及藏香业发展探究[N].西部时报，2012-10-23（011）.

第五节
云南藏族集中居住区传统村落集萃

云南藏族集中居住区传统村落民族文化氛围浓郁，自然和文化资源丰富，传统习俗保存较好，而且在藏族集中居住区分布较为集中。根据住建部等公布的中国传统村落名录，截至2019年，云南省迪庆藏族自治州共有9个藏族村落入选，并得到各级地方政府和财政的支持。在此列举3个具有代表性的传统村落，包括迪庆藏族自治州德钦县云岭乡雨崩村、香格里拉市建塘镇霞给村和香格里拉市洛吉乡尼汝村。

一、迪庆州德钦县云岭乡雨崩村

雨崩村位于梅里雪山的念慈母峰下的五子峰脚下，景色优美，民风淳朴，宛如世外桃源。[①] 雨崩村分上村和下村，上下二村之间相隔一条大河。本村内部布局相对集中，上村以小学校和转经房为中心，下村以雨崩小庙为中心。村落主要是以土木结构为主的传统藏式民居，藏式传统建筑有着十分独特和优美的建筑形式与风格，与雪域高原壮丽的自然景观浑然一体，给人以古朴、神奇、粗犷之美感，形成了自己独有的、鲜明的、坚固稳定的特点。雨崩村地理

[①] 彭晓岚.迪庆州传统村落——雨崩的保护和发展初探[J].农家参谋，2019（6）：13.

图 6-13
雨崩村

环境独特,人烟稀少,自古只有一条人马驿道通向外界,在通往雨崩村的路上及村内,"五树同根""漂历石""石篆天书"等奇特自然与人文景观,都是雨崩村的特色。因此有人说这里是陶渊明笔下的"世外桃源"。国内外专家们则认为,这里是香格里拉的缩影。①

二、迪庆州香格里拉市建塘镇霞给村

霞给藏族文化生态旅游村隶属香格里拉市建塘镇红坡村,地处普达措国家公园和白水台景区旅游东环线 18 千米处。霞给藏族文化生态旅游村于 2005 年获评国家 AAA 级旅游景区,2006 年获评全国农业旅游示范点。村内基础设施建设已基本完成,开办了一系列手

---

① 罗应光.云南特色新型城镇化之路[M].昆明:云南人民出版社,2014.

图 6-14　霞给村

工作坊,如土陶、木器、唐卡、牛角、藏香、银器等工艺作坊。村民修建了乡村旅游客栈,形成了集吃、住、行于一体的民俗文化村。村里随处可见佛塔、玛尼堆、经幡和护法天柱。有风格各异的水力转经筒、铜制转经筒和羊皮制转经筒等。

三、迪庆州香格里拉市洛吉乡尼汝村

尼汝村位于香格里拉市洛吉乡境内,2013年,尼汝村入选第二批中国传统村落名录。尼汝村下辖尼中、白中、普拉3个村民小组,全

图 6-15
尼汝村

村 108 户 650 人,全部为藏族。藏族群众日出而作、日落而息,过着"童孺纵行歌,斑白欢游诣,怡然有余乐"的悠然生活。尼汝村属"三江并流"世界自然遗产红山片区腹心区,被联合国世界遗产保护委员会官员冠以"世界生态第一村"之美誉。

尼汝村寨依山而建,分布于尼汝河两岸,建筑风格独具魅力,具有藏族自然村落的传统风貌。尼汝境内景点众多,如南宝牧场、七彩瀑布、多吉帕姆乃(仙人洞)等,又有酥理玛、奶渣包子、酥油煎奶渣、牦牛肉糌粑、纺织、编织等特色饮食和手工艺。尼汝村的传统习俗保存较为完整,以建房为例,从择地、选材、建房,到进房、诵经等,都有一整套祭祀礼仪。尼汝村的婚丧和节庆习俗严格遵循传统方式。

尼汝藏族传统民居风格别致,保存完好,为传统的土木结构碉式板屋建筑,以粗大木柱纵横排列三楹或四楹,两层梁柱为榫卯架构，三面筑土为墙，前槛留作走廊，前有护栏。外墙每边顶5根方形柱，每根柱顶一根梁，称为墙外柱，配合平顶木马架支撑、抬高屋顶，屋顶平顶可用于储藏饲草饲料，晾晒青稞、小麦、玉米。梁上架设檩椽，上盖杉木片。檐口及二层门窗上端双层斗拱作檐。多以下层作畜厩，楼上作伙房，火塘、神龛、厨房、卧室、客厅都分设于楼上。尼汝人家的储粮仓库一般不设在室内，而另选二楼走廊的右侧向阳处，建一个井干式小木楞房，藏语称"崩旺"。

第六节
云南藏族集中居住区传统村落的保护与发展

一、保护与发展的现状

2012年，我国提出传统村落遴选和保护制度，围绕传统村落开展了许多社会讨论，引起国家层面对传统村落的重视，较大程度改变了之前建设性破坏民居的现象。但是，随着对外开放、城镇化和人口流失等多种因素的冲击，我国传统村落"空心化"问题仍然严重，传统村落保护严重滞后，传统村落数量不断锐减，传统村落的保护工作已迫在眉睫。2012—2019年，住建部等先后公布了五批传统村落名录，中央财政下拨专项补助用于传统村落的保护，各省也相应出台了传统村落和民族村寨的保护规定，初步建立起了涉及传统村落生产生活、防灾安全保障及保护管理机制。

截至 2019 年，云南省国家级传统村落占全国总数的 10.4%，迪庆传统村落占云南总数的 3%。由于云南传统村落分布广泛、情况较为复杂，有关部门还没有提出系统的针对传统村落保护的方针政策，迪庆除住建局、财政局等主体单位外，虽然其他单位在实际工作中对传统村落有一定政策上的倾斜，但不成体系的政策对传统村落的保护和发展始终存在一定的缺憾。①

(一) 村民对传统村落的保护意识淡薄，传统文化消逝

云南藏族集中居住区内很多村落，地处高山峡谷地带，自然条件严酷，交通不便，当地经济文化落后，村民还在为摆脱贫困而努力，对传统村落内部的各种建筑物与构筑物的文化价值没有清晰的认识，加之新农村建设，村民在修缮传统民居时更多地考虑实用性、便捷性功能，忽视了传统民居的修缮应遵循的原真性、整体性原则，由此无意识地破坏了一些具有藏族集中居住区特色的古建筑。由于村民对传统村落的保护意识淡薄，房屋的修缮翻新多采用现代建筑材料，风格、色彩与传统建筑不搭配，破坏了传统民居的原始风貌。由于村民迫切想要改善居住环境，新建建筑不再延续传统民居的风貌，一些藏寨已失去了原有的风貌特色，这些特色藏式建筑所蕴含的民族文化也随之消逝。

---

① 彭晓岚. 迪庆州传统村落——雨崩的保护和发展初探[J]. 农家参谋，2019(06)：13.

（二）原住居民流逝，传统村落"空心化"现象凸显

许多传统村落由于地理位置偏僻、交通不便，当地经济发展滞后，生产生活方式单一老旧，很多青壮年外出打工，传统村落常住人口逐年减少，老龄化、"空心化"问题严重。

（三）旅游业发展，对传统文化造成冲击

对许多传统村落而言，发展旅游业是摆脱贫困的有效途径之一。发展旅游业虽然促进了当地经济的发展，同时也对传统村落的本土文化造成了冲击。传统村落原有的朴实、淳朴的生活气息逐渐被商业化的经营模式所取代，传统的原住居民生活模式逐渐退出舞台。[①]大量来自不同文化背景的外来游客带来的新观念对当地村民的传统观念造成了一定影响，引发价值观、道德观、宗教信仰、语言习惯、风俗习惯等变化，使本地传统文化逐渐被冲淡，导致传统村落文化的嬗变。

（四）经济发展相对滞后，缺乏后续资金和人力保障

目前，传统村落的保护工作主要依靠政府投入，缺乏可持续、多渠道的资金来源，政府的资金补贴则是杯水车薪，当地的村落保护难以取得明显进展。同时，当地村民大多外出务工，村里只剩下

---

① 李易繁，钱洋，胡国华.旅游背景下藏族传统村落的保护性发展探析——以大香格里拉地区稻城亚丁卡斯村为例[C]//中国城市规划学会.规划60年：成就与挑战——2016中国城市规划年会论文集:15乡村规划.北京：中国建筑工业出版社，2016：964.

老人和小孩，出现了很多空心村，使得传统村落的保护与发展缺乏最基础的人力保障。①

二、保护与发展的实践

（一）国家政策引导

2012年，我国出台了传统村落保护与发展政策，住建部、文化部、财政部分别于2012年12月、2013年8月联合公布了第一批、第二批被列入中国传统村落名录的村落名单。迪庆藏族自治州香格里拉市洛吉乡尼汝村、三坝乡白地村、建塘镇小街子村，德钦县云岭乡雨崩村、燕门乡茨中村，维西县叶枝镇同乐村、叶枝镇叶枝村、塔城镇塔城村塔城一组和二组、塔城镇朵那阁村、保和镇腊八底村、保和镇永春村白帕塘、巴迪乡结义村、维登乡富川村被列入第二批中国传统村落名录。2014年11月，迪庆州香格里拉市建塘镇霞给村、尼西乡汤堆村、格咱乡木鲁村，德钦县佛山乡江坡村、拖顶乡大村等被列入第三批中国传统村落名录。2016年12月，迪庆州香格里拉市虎跳峡镇海典村被列入第四批中国传统村落名录。

2014年4月，住建部、文化部、国家文物局、财政部联合发布了《关于切实加强中国传统村落保护的指导意见》（以下简称《意

---

① 郭丽.法治视域下传统村落保护机制研究——以甘孜州藏族传统村落保护为例[J].四川民族学院学报，2019，28（1）：55.

见》)。《意见》指出,要保持传统村落的完整性、真实性及延续性,保护和弘扬优秀传统文化精神,加大传统村落保护力度。

(二)旅游业助推

云南藏族集中居住区是自然景观富集和人文旅游资源集聚的旅游胜地,以香格里拉为代表的迪庆藏族自治州风光旖旎,雪山、湖泊、文化古迹等旅游资源遍布全州,目前正在打造国际高原全域旅游目的地。在政府推动下,迪庆旅游服务体系逐渐完善,旅游宣导工作持续推进,旅游业发展进入快速成长阶段。通过多年的努力,以藏文化为主、多民族文化相互融合的旅游开发框架已初步形成,并已呈现出健康发展的良好态势。2016年10月,首届"世界的香格里拉"乡村旅游发展论坛暨"世界乡村在云南"在香格里拉市正式拉开序幕,探讨乡村文化生态的保护和建设所面临的问题、挑战和机遇,献智中国乡村的可持续发展,呼吁共同关注乡土文化传承和传统村落保护。

三、活化路径探析

(一)传统村落历史建筑修缮与保护

云南藏族集中居住区传统村落严格按照传统村落保护发展规划要求,实施传统村落历史建筑整治和修缮工程,落实传统村落挂牌保护工作,对村内代表性公共建筑、历史建筑、文物古迹及遗迹遗址（含文物保护单位）依法依规进行保护性维修，并挂牌保护；在村内重点地段和村落出入口（寨门）设立传统村落标示牌；对占用基本农田、建筑风貌与规划要求严重不符的违法建筑依法进行拆除。①

（二）保护藏族集中居住区传统村落原住居民真实性的生活

传统村落的保护应为开发式保护。藏族集中居住区传统村落在修复后应鼓励村民继续在村落中居住生活，不应单纯为了发展而保护，歪曲了乡土建筑的基本价值。在进行旅游开发时，应保持传统村落的乡土气息，显现当地的传统文化、民俗风情、生活习惯等。

（三）大力推进云南藏族集中居住区乡村振兴

云南藏族集中居住区乡村振兴是传统村落保护和发展的重要课题。科学把握各地差异和特点，注重地域特色，体现乡土风情。特别要保护好传统村落、民族村寨、传统建筑，不搞一刀切，不搞统一模式，不搞层层加码，杜绝"形象工程"。努力探索传统村落保护和发展融入乡村振兴战略的有效途径，实现传统村落文化资源的创造性转化和创新性发展，走出一条人与自然和谐发展的路子。②

---

① 黄传明.关于加强传统村落保护与利用工作的几点思考——以黎平县为例[J].中国建设信息化，2019（20）：71.
② 李天依.传统村落规划的前期策划研究——以迪庆藏族自治州为例[D].昆明：昆明理工大学，2016.

（四）活化传统村落，与新时代发展要求对接

传统村落要延续和发展下去，必然要与社会对接，要在发展经济的基础上，进一步发挥其文化资源禀赋和特色优势。[①] 对传统村落的保护与发展必须回归文化，着眼于社会发展，既要更加重视文化生态和对传统文化资源的保护，变静态保护为动态营造，又要进一步发挥村民的主体作用。

（五）加强环境保护

云南藏族集中居住区生态环境总体良好，但较为脆弱，容易遭受自然灾害和人类活动破坏。环境是人类赖以生存和发展的基础，良好的自然环境对调节气候和生态平衡起着重要作用，对自然的崇尚是建立人类与环境和谐发展的关键，应不断改善传统村落内的生态环境，加强绿化建设，保护村落整体空间格局及村落周围的地形、地貌、水体、农田、植被等良好的自然生态环境，维护藏族集中居住区传统村落的生态平衡。

[①] 潘鲁生.传统村落的活化与发展——写在中国民间文化抢救工程巡礼之际[J].设计艺术（山东工艺美术学院学报），2015（3）：63.

中国传统村落文化抢救与研究

文化区系列

第七章

Chinese Traditional Villages

藏蒙传统村落之
内蒙古自治区

内蒙古自治区简称内蒙古，位于中国的北部，首府是呼和浩特市。内蒙古属于高原地貌，呈狭长形，东西长约 2400 千米，南北最大跨度 1700 多千米，总面积约 118.3 万平方千米。东北部与黑龙江、吉林、辽宁、河北相邻，南部与山西、陕西、宁夏相邻，西南部与甘肃相邻，北部与俄罗斯、蒙古接壤。

内蒙古在历史上属于游牧地区，原本没有村落。进入清代以后，政府曾一度实行十分严格的封禁制度，严禁内地汉人前往内蒙古。但由于内地耕地不足等原因，仍有不少汉人私自前往内蒙古垦荒种地。后来这些私自前往内蒙古垦荒的汉人便在当地定居下来。乾隆初年，内蒙古逐渐出现了一些比较小的村落。面对汉人村落在内蒙古不断出现的情况，清政府不得不承认既成事实，之后越来越多的村落开始在内蒙古出现，内蒙古也由此成为一个十分重要的传统村落分布区域。

第一节
内蒙古自治区传统村落的风貌成因

一、自然因素

（一）区位因素

内蒙古自治区地处中国北部内陆地区，干旱少雨，草原植被覆盖广泛。从东北的松辽平原，经大兴安岭、阴山，到鄂尔多斯高原，形成了呼伦贝尔、锡林郭勒、乌兰察布、鄂尔多斯等一系列草原。

这些草原的存在使内蒙古的产业长期以来以畜牧业为主，很少有传统村落分布。

内蒙古地域辽阔，土壤类型多样，其共同特点是土壤形成过程中钙积化强烈，有机质积累丰富，土壤类型多样。这些土壤类型可耕可牧，既可以生长牧草，也可以种植农作物，发展农业。特别是内蒙古南部和东南部地区，和我国的传统农业省份陕西、山西、河北相邻，受其农业文化影响，内蒙古传统村落的分布，呈现由南部及东南部沿边地区向北部、西部逐次递减的态势。

（二）地形因素

内蒙古自治区地貌辽阔坦荡，结构简单，起伏和缓，海拔1000—1300米。地势由西南向东北缓缓倾斜，以高原地貌为主，由呼伦贝尔、锡林郭勒、鄂尔多斯等高原组成。大兴安岭、阴山、贺兰山等山脉，构成内蒙古高原地貌的基本骨架。大兴安岭低缓潮湿，森林广布，是我国重要的林业基地。阴山横亘内蒙古中部，阻挡了干冷气流南下，是内蒙古农牧区域的重要分界线。贺兰山西部地区干旱少雨，属于沙漠地貌。

大兴安岭东西两侧台地，属于宽谷丘陵地貌，宽谷和丘陵之间土壤肥沃，适合农耕，散布着大小不一的村落。阴山的东部、东南部及南部地区，有土默川平原、河套平原及黄河南岸平原。这些平原土质肥沃、光照充足、水源丰富，非常适宜农作物生长，所以成为内蒙古传统村落数量最多的地区。另外，在其他山地和平原的交接地带，间杂有低山、谷地和盆地分布，亦有不少村落散布其中。

（三）气候因素

内蒙古自治区纬度高，高原面积大，距离海洋远，属于典型的温带大陆性气候。降水量相对较少，由东北部向西部逐渐递减。降水季节分布不均。夏季短促炎热，降水集中；冬季漫长严寒，多寒潮天气。日照充足，太阳辐射量从东北向西南递增。

内蒙古的水热资源搭配错位。内蒙古东部的黑龙江流域水资源丰富，但光照却不充足；中西部的西辽河、海滦河、黄河三个流域光照充分，但除黄河沿岸有可资利用的水源外，大部分地区水源紧缺。农业的发展离不开合适的水热资源。水热资源的这种错位搭配，使内蒙古只有在一些水源比较丰富、光照适中的地区，才有农业和村落分布，因此内蒙古的传统村落基本上分布在中西部的黄河、永定河、岱海等水系附近。

二、文化因素

内蒙古可划分为三个各具特色的草原文化区，即东部的大兴安岭文化区、中部的阴山文化区、西部的阿拉善文化区。[①] 大兴安岭文化区包括呼伦贝尔市、兴安盟、通辽市、赤峰市，该文化区内森林广布，具有浓厚的森林民族文化色彩；阴山文化区包括呼和浩特市、包头市、鄂尔多斯市、巴彦淖尔市、乌兰察布市、锡林郭勒盟，阴山文化区内农耕民族和草原民族交错杂居，具有浓

[①] 潘照东，刘俊宝.草原文化的区域分布及其特点[J].前沿，2005（9）：7.

厚的农耕文化色彩；阿拉善文化区位于阴山、贺兰山以西的阿拉善高原，该地区文化受游牧民族影响较大，粗犷苍凉，具有漠西蒙古文化色彩。

不同的文化区内，村落的形态和民居的文化不尽相同。在大兴安岭文化区内，村落大多选址在森林和草原交界地带，民居建筑有鄂伦春族仙人柱、俄式木板房和满族口袋房等多种类型；在阴山文化区内，村落选址理念和汉族地区相类似，大多选择背坡向阳、临水的地方，民居建筑也大多与晋北、陕北的四合院相似；阿拉善文化区的村落相对分散，大多选择在水草丰美的地方，民居建筑也大多就地取材，简朴粗犷，注重防风防沙。

三、社会因素

内蒙古中部地区与甘肃、宁夏、陕西、山西、河北接壤。明清时期，大量的内地汉族百姓向鄂尔多斯高原、河套平原等具备农耕条件的地区迁移。汉族百姓的大量北迁，促使一些蒙古族人开始进行农业活动，形成蒙古族村落或者蒙汉杂居的村落。蒙古族村落生产方式主要是半农半牧。[①] 蒙古族村落的建筑主要为移动式的蒙古包，以及固定式的蒙古包或平顶土坯房。汉族迁入内蒙古中部地区后，在当地形成了和内地基本上相似，同时融合草原文化特征的村落形态。村落布局顺应自然，自由灵活。民居一般为院落式住房，

---

① 刘散如拉. 转型时期蒙古族村落社会及其变迁研究——以内蒙古东部蒙古族村落为例[D]. 通辽：内蒙古民族大学，2011.

院落内一般有正房、厢房。饮食方面，既有汉族食品，也有蒙古族食品。民俗方面，蒙汉文化元素在村落中均有体现。

第二节
内蒙古自治区传统村落的地理分布与类型

2012—2019年，住建部等部门组织开展了传统村落调查，经专家委员会评审认定，先后公布了五批中国传统村落名录，共计6819个村落入选。根据国家公布的名录，内蒙古五批次共有46个村落入选，其中均为蒙古族聚居或以蒙古族为主的村落（不包括多民族杂居的村落）仅有15个。这些传统村落大都保护完好，具有典型性和代表性，基本上能反映内蒙古自治区蒙古族传统村落的基本情况。

一、地理分布

根据各市及盟的面积情况，内蒙古蒙古族传统村落分布的密度大致可以分为三个层次。第一层次，传统村落分布密集区：包头市、呼和浩特市，大约每3000平方千米有1个传统村落；第二层次，传统村落分布次密集区：乌兰察布市、巴彦淖尔市、赤峰市、通辽市，大约每1万—6万平方千米有1个传统村落；第三层次，传统村落分布稀疏区：鄂尔多斯市、呼伦贝尔市、锡林郭勒盟、兴安盟、阿拉善盟、乌海市很少有蒙古族传统村落。由此可以看出内蒙古蒙古族传统村落整体相对稀疏，传统村落主要分布在内蒙古中部黄河中游河套平原地区的呼和浩特市和包头市。另外，在内蒙古的东南部、东北部沿边地区有一定数量的蒙古族传统村落。在内蒙古的中东部地区和西部盟市则很少有蒙古族传统村落。

内蒙古的地形以高原为主，高原边缘分布着大兴安岭、阴山、贺兰山等山脉。这些山脉以东、以南的河套平原、辽河平原水网密集、气候温暖，是内蒙古传统村落分布比较密集的地区；这些山脉以西、以北的高原地区地势高亢、土壤贫瘠、气候干燥寒冷，分布有大面积的沙漠，属于内蒙古传统村落非常稀少的地区。大兴安岭北部的西侧台地植被茂盛、河流密布、土壤肥沃，是我国重要的森林覆盖区，也是内蒙古传统村落相对较多的地区。传统村落数量较多的呼伦贝尔市就位于大兴安岭西侧台地。

二、村落类型

内蒙古原本属于牧区，居民以游牧为主，很少有村落分布。清代以后，随着农业的发展和农业人口的增加，内蒙古才逐渐出现村落。内蒙古干旱少雨，村落选址尽可能接近水源，一般遵循依山傍水原则。由于各村落的自然条件不同，村落大致可以分为平原河畔型、山麓平川型、山间河谷型三种。

（一）平原河畔型

这种类型的村落一般位于有河流经过的平原地带。内蒙古河套平原、呼伦贝尔高原的很多村落都属于这种类型。这些村落沿着黄河、额尔古纳河及其支流分布，由于有平坦的土地和丰富的水源可资利用，这些村落的规模一般相对较大。村落一般内部结构密集，布局上呈现出沿河流纵向分布的特点，耕地多分布在村落周围。

（二）山麓平川型

这种类型的村落多建立在背山的山麓冲积平原，一般会有山涧或河渠从旁边流过。相较于平原河畔型村落，这种类型的村落一般位于地势较高的山麓平川地区，采光、避寒条件较好，水源主要依靠村落附近的山涧小河。村落布局一般为山体—村落—耕地—河流，村落内部结构比较松散，不如平原地区的村落结构密集。包头市土默特右旗美岱召村、美岱桥村等都属于这一类型的村落。

以包头市土默特右旗美岱镇美岱召村为例，美岱召村位于大青山中段的宝丰山脚下，黄河中段的支流美岱河自东北向西南从村东流过。村落坐北朝南，北面为宝丰山山体，南边为高速公路。村落沿山麓呈长片状分布，耕地以村落为中心，并从东、西、南三面将其环绕。

（三）山间河谷型

这种类型的村落多建立在丘陵山间或较深的河谷地区，以获取更多的水源耕种土地。这种类型的村落一般交通不便,规模较小,民居之间的距离较大,大多沿沟谷中的溪河分布。出于防避水灾的需要,村落一般距离溪河有一小段距离。溪河和村落之间或者为菜地,或者为耕地。赤峰市敖汉旗宋杖子村、呼和浩特市清水河县北堡乡口子上村等都属于这一类型的村落。

第三节
内蒙古自治区传统村落的物质文化景观

一、村落的形态布局

（一）村落与环境关系的因应处理

中国传统村落崇尚"天人合一"的观念,主张师法自然、人与自然和谐相处。这种传统的哲学观在内蒙古也不例外。内蒙古传统村落依存于它所处的地理环境,两者之间发生着紧密的联系与互动。

1. 自然环境

内蒙古地域广阔,有平原、盆地、丘陵、高原等多种地貌,大小村落分布其中,村落选址、村落面貌、空间格局等方面都深受其所处的自然环境的影响。

水源是影响内蒙古村落选址最重要的因素。内蒙古地处内陆,干旱少雨，水源是村落存续与否的决定性因素。在内蒙古地区，几乎所有的村落选址都要认真考虑水源问题。村落大都分布在河流沿岸，以便有充足的水源可资利用。在一些河流下切比较严重的地区，村落选址甚至深入到河谷里面，以求尽可能充分地接近水源，以便能利用水源修建沟渠、灌溉农田。

充足的日照、温暖的气候，是人类生存的必要条件。由于南面向阳的山坡既有充足的光照，还可以阻挡寒风，所以内蒙古地区的村落大都选址在山麓或缓坡的南面，沿着缓坡次第展开，以求尽可能多地接受阳光照射。

2. 生产方式

内蒙古地域广阔，以温带大陆性气候为主，属于半农半牧区，但不同地区农牧业所占的比例不尽相同。大致而言，内蒙古的河套平原、东南部丘陵地区农业所占的比重较大，属于农业比较发达的地区，其他地区则基本上属于半农半牧区。

农业发达地区的村落一般分布在地势较高的山麓地带，耕地临河。村落建筑相对比较密集，民居墙壁为土墙，具有鲜明的晋北、陕北民居特色。半农半牧区的村落选址具有"逐水草而居"的游牧文化特征，大多分布在水草丰美的地方。村落建筑比较疏散，民居简陋，有大量泥土房顶的房屋及蒙古包式的建筑。在大兴安岭牧业、农业及狩猎混合地带，村落大多分布在森林、草原的交界地带，民居以林木为建筑材料，具有浓厚的森林文化特征。

3. 宗教信仰

内蒙古盛行藏传佛教，藏传佛教文化深深地影响着人们的行事方式。在内蒙古，很多村落选址在寺院附近，以求得到神灵的庇护。在这种类型的村落中，寺院一般位于村落中地势较高的位置。在村落总平面图中，虽然寺院不一定是村落的几何中心，但却是村落中最宏伟的建筑。为了方便居民进行转经、朝拜等宗教活动，村落往往以寺院为中心辐射出道路网络，和村内各处相联系。

（二）村落的总体形态特征

村落的形态布局受村落选址影响比较大。一般而言，在地形复杂的地方，村落形态相对比较多变，在地形比较平坦的地方，村落形态比较规整。根据各个村庄外观形态的不同，内蒙古的村落大致可以分为片状型村落、带状型村落和散点型村落三种类型。

1. 片状型村落

这种类型的村落一般规模较大，人口较多，多分布在临近水源、地势开阔的地方，保证有足够的空间可供发展。这种类型的村落一般位于道路旁边，有相对比较便利的交通，多为当地的政治、经济中心。片状型村落各种建筑比较完整。汉族居住的村落没有明显的道路或者河流作为空间轴，多沿河流、山体纵深发展，民居建筑比较密集。蒙古族居住的村落一般把寺院作为村落的中心建筑，民居建筑围绕寺院展开，但建筑没有汉族村落密集。

2. 带状型村落

这种类型的村落一般分布在地形相对比较复杂的河谷和交通沿线，大都规模较小，居民较少。如果沿河谷展开，村落一般分布在离河边有一段距离的山坡处，耕地则一般位于村落两侧接近水源的地方，保证耕地有充足的水源可供使用，使村落免受河水的冲击。如果沿交通线路展开，村落一般分布在道路的一边或两边，耕地则一般位于村落的后面或沿道路分布。经过不断发展，带状型村落极有可能变成片状型村落。

3. 散点型村落

这种类型的村落主要分布在地形复杂的山地及一些半农半牧的平坦地区。这一类村落大都规模较小，布局分散，人口稀少。如果散点型村落分布在山地，则一般沿山坡零散分布，民居利用山间地形建造，形成高低不一、大小各异的院落。民居之间距离较大，由崎岖的山路相连接。耕地因形就势，呈片状分布在山坡上。如果散点型村落分布在半农半牧区，则一般分布在相对比较干旱的地方。村落由数个距离较近的稀疏居民点组成，草场和耕地围绕居民点布局。

二、村落的室外空间类型及其特征

（一）村落的集聚空间及其特征

1. 平铺型集聚空间

平铺型集聚空间的村落是指建筑紧凑集中，外形呈团块状的村落。这种空间类型的村落，大都人口较多，且位于平原地区，有足够多的土地可以让村落平铺展开。内蒙古天气寒冷，平原地区地势平坦，难以阻挡寒冷空气的侵袭。平铺型集聚空间村落密集的建筑物可以起到"抱团取暖"的效果。同时，平铺型村落人口大量集聚，可以起到集约使用土地、节省耕地的作用，所以平铺型空间的村落大多位于农区平原地区。河套平原及内蒙古东南部农区及大兴安岭西侧呼伦贝尔高原许多片状的大型村落多属于此种类型。

2. 层叠型集聚空间

层叠型集聚空间的村落主要是指一些位于河谷两岸，依山而建的村落。由于河谷平原面积相对狭小，既要靠近赖以生存生产的水源，又要避免河水泛滥淹没村落，所以村落便依坡而建，层层叠叠地由河谷向两侧高地发展。层叠型集聚空间的村落建筑通过道路相连，高低错落，并与山势巧妙融合。大多数位于河谷地区的带状型村落基本上属于层叠型集聚空间的村落。由于居高临下容易显示建筑的神圣和权威，所以村落的宗教建筑往往选择在村落中地势较高的地方兴建。

3. 疏散型集聚空间

疏散型集聚空间的村落主要是指一些位于牧区和半农半牧区的村落。这些村落大都人烟稀少，虽然也有建筑，但村落规模小，建筑集中程度不高，村落由一些零散的居民点组成。疏散型集聚空间的村落既分布在山区，也分布在平原地区。如果分布在山区，则大多地形崎岖，居民点依地形分散在山间各处。如果分布在平原地区，则主要是在牧区。牧区的疏散型集聚村落大部分有比较重要的寺院或王府建筑，民居以其为中心集聚，形成一个规模不大的村落。

（二）村落的公共空间及其特征

1. 交通空间

内蒙古传统村落整体规模较小，交通空间比较简单，主要分为对外交通道路和村内道路。对外交通道路大多是村落的主干道，村内道路大多是和主干道相连接的辅路。主干道相对宽阔平坦，辅路则相对曲折狭窄。主干道和辅路相互交织，紧密连接村落的生产、生活和宗教活动空间。

在地形复杂的山区，无论是主干道还是辅路都比较弯曲。村落主干道通过山体等高线，呈"之"字形蜿蜒，到达村口。村内各辅路也都依据山势呈倾斜状和主干道相连接。在地势平坦的平原地区，主干道大都比较笔直，辅路呈直线或斜线状和主干道相连。主干道和辅路的路面材料大多根据各村落的具体情况就地取材。在有岩石的山区村落，路面会铺垫一些石块；而在黄土深厚的平原村落，路面则主要是夯实的黄土。

主干道和村落连接的方式有从村落中央穿过和从村落边缘经过两种。如果主干道从村落中央穿过，则村落的主要建筑都沿主干道两边分布，这一类型村落的规模大都相对较小。如果主干道从村落边缘经过，则村落内的主要建筑分布在主干道以外的辅路上。这一类型的村落主要是一些位于平原地区、规模较大的村落，其中比较有代表性的有包头市土默特右旗苏波盖乡美岱桥村。

2. 休憩空间

休憩空间是指村民休闲娱乐或交流交往的场所。村落里的休闲娱乐场所基本上都是一些交通便利、相对宽阔的场地。在农业区，如果村里有寺院，休憩空间则大都位于寺院前的广场上；如果村里没有寺院，则大都位于村里的大古树下，水塘、溪流旁边。如包头市土默特右旗美岱召镇美岱召村有美岱召寺院，它的休憩空间位于美岱召寺前的大广场上。

在牧业区，村民往往利用村落附近平坦广阔、水草丰美的地方，举行各种休闲娱乐活动。另外，蒙古族有祭拜敖包的传统，在祭拜敖包之后，往往会在敖包附近宽阔的草地上举行唱歌、赛马等娱乐活动。这些牧民举行休闲娱乐活动的地方基本上属于当地村落的休憩空间。

3. 生产空间

内蒙古传统村落的生产空间主要包括田地和晒谷场以及一些简单的手工业作坊。一般而言，如果村落靠山面河，则田地一般位于村落地势较低的临河一边；如果村落位于平原地区，则田地一般环绕在村落周围。但无论村庄位于何处，田地一般都临近水源，以便灌溉。晒谷场一般位于村头，既不能离田地太远，不利于运输粮食，也不能离田地太近，以免过于潮湿，不利于粮食保存。

一些较大的村落还有简单的手工业作坊。手工业作坊一般位于交通比较便利的地方，便于村民来此修理或打造农具。

三、村落里的建筑景观

（一）民居建筑景观

内蒙古各个传统村落的自然条件、人文基础差异较大，以蒙古族、汉族为代表的民居建筑景观类型呈现出多样化的特点。

1. 四合院式民居

内蒙古四合院式民居和陕西、山西北部的四合院式民居风格相似。但内蒙古四合院式民居的房屋高度较低，进深较浅，开间较阔，窗户较大，开窗较低。内蒙古的四合院一般为坐北朝南的一进院落，院门通常开在东南角的院墙上，院子呈南北稍长而东西略窄的方形。比较简单的四合院只有北面的正房。正房大部分地势较高，窗户朝南，中间为堂屋，两边为厢房。正房的南边一般有堆放杂物的小房。此外，院子里还有一个牲畜圈，也有的在院子南面搭起一个小棚或圈起一小片围墙，存放柴草、秸秆之类的物什。在内蒙古中部和南部地区，村落的密度较大，民居院子较小，院落与院落之间的布局比较紧凑，道路也比较狭窄。[①] 内蒙古西部和北部地区的村落密度较小，民居院子相对较大，院落与院落之间的布局比较疏散，道路也比较宽阔。

民居房屋的类型有"一出水"房和"两出水"房两种。"一出水"房多为土木结构。屋顶一般为草泥，呈半坡式倾斜；墙壁由土坯垒砌而成，墙壁外面或为裸露的土坯，或由草泥涂抹而成。"一

---

① 赵云. 内蒙古中部地区传统村落空间形态更新策略研究——以凉城县园子沟村为例[D]. 西安：西安建筑科技大学，2013.

图 7-1 "一出水"房的传统民居

出水"民居分布比较广泛，大多分布在内蒙古相对干旱的西部和北部地区。

"两出水"房由"一出水"房演变而来。[①] 其房顶前长后窄，前坡和缓，后坡较陡。按建筑材料不同，"两出水"房可分为两种类型：一种是土木瓦结构的房屋，这一类房屋墙壁的四角为砖，四面墙中间为土坯，房顶为瓦或草泥，这种类型的房屋在内蒙古地区比较普遍，主要分布在内蒙古的中部和南部地区；另一种

---

① 张玉凤.呼和浩特、包头、乌兰察布农村聚落调查报告[J].内蒙古师范大学学报（哲学社会科学版），1991（3）：133.

藏蒙传统村落

图 7-2
"两出水"房的传统民居

是砖木瓦结构的房屋，这一类房屋墙壁的四面墙均为砖，房顶为瓦，这种类型的房屋数量相对较少，主要为单位用房或大户人家的房屋。

2. 窑洞

窑洞是内蒙古南部接近陕西、山西丘陵山区一种常见的民居建筑，一般是将沟坎断崖或山坡断面垂直削成齐整的崖面，然后向内挖成长方形洞穴而形成的。窑洞的顶部为拱券结构，内壁用砖石垒砌或涂抹白泥灰。窑洞的门脸儿为木制门窗，多用砖石或土坯垒砌。为了有足够的居住空间，往往会依山势挖掘多孔窑洞。在窑洞前方，一般会开辟一块平地供日常存放杂物之用。

由于地质条件不同，内蒙古的窑洞可以分为土窑洞和土石结合窑洞两种。土窑洞内部较为宽敞，窑洞内部可设置灶台、土炕等，一般有直通上部地表的排烟洞口。窑洞的内墙面常用细泥抹平，再刷上白灰以增加亮度。洞口用砖拱造面，用木头制作窗户。土石结

第七章 | 藏蒙传统村落之内蒙古自治区

图7-3 位于河流两岸的土窑洞

合窑洞的外形、门脸和一般窑洞基本相似，窑洞顶部以黄土覆盖，但四壁和地面都用石头砌垒而成。

3. 蒙古包

蒙古包名字来自满语，意为"穹庐"，是供蒙古等游牧民族居住的一种房屋形式。蒙古包由围墙支架、天窗、椽子和门四部分组成。蒙古包呈圆形尖顶，一般顶高3—5米，顶上和四周覆盖一至两层厚毡，包门朝南或东南开。蒙古包有移动式蒙古包和固定式蒙古包之分。移动式蒙古包多见于牧区，村落里的蒙古包则一般为固定式的。固定式蒙古包就是在一

藏蒙传统村落

图 7-4　草原上的蒙古包

般蒙古包的基础上，用泥土把蒙古包固定起来。这种蒙古包现在非常少见，大部分分布在比较干旱的半农半牧区，且逐渐被平顶的土坯房所替代。

（二）公共建筑景观

1. 寺院建筑

内蒙古地区的宗教信仰以藏传佛教为主，藏传佛教建筑在内蒙古传统村落中具有非常重要的地位。在内蒙古中西部一些地区，往往是先有寺院然后才开始有人口集聚，逐渐形成村落。由于藏传佛教对村落形成有巨大的影响，所以内蒙古一些村落便以佛教名词命名。如巴彦淖尔市乌拉特前旗沙德格苏木沙德格嘎查、包头市石拐区五当召镇五当召村、乌兰察布市四子王旗红格尔苏木大庙村等。

其中"苏木"意为"庙";"召"原为藏语音译词,意为"佛像"。按照寺院建筑风格特点,内蒙古传统村落的寺院建筑总体可以分为藏式和汉藏结合式两种,其中汉藏结合式是比较多见的一种。

藏传佛教建筑主要分布在内蒙古中西部地区。作为宗教信仰之地,寺院建筑大都位于村落中地势较高的地方,以突出其神圣特征。藏式寺院建筑不强调整体轴线对称,布局严谨、自由灵活。以碉楼式建筑为立面,正面前低后高,木构架,平屋顶。墙体用石块或土坯砌筑,

图 7-5　包头市石拐区吉忽伦图苏木五当召村五当召

下宽上窄，四面开窗。藏式风格的寺院主要分布在内蒙古中西部的半农半牧区，这种类型的寺院比较典型的有包头市石拐区吉忽伦图苏木五当召村的五当召、包头市土默特右旗将军尧镇小召子村的广福寺、包头市昆都仑区卜尔汉图镇卜尔汉图嘎查的昆都仑召、乌兰察布市四子王旗红格尔苏木大庙（锡拉木伦庙）等。

汉藏结合式的寺院分布于内蒙古中部的半农半牧区平原地带，布局形式与藏传佛教寺院建筑的布局相似。山门、经堂、佛殿等主要建筑沿轴线纵向分布，各建筑之间层层递进，

图 7-6　包头市土默特右旗美岱召镇美岱召

突出主殿的高大雄伟。轴线两侧布置体形较小的次要建筑。各建筑之间用廊庑连接，四周围墙环绕，形成封闭性较强的建筑空间。规模较大的寺院有与主要轴线平行的次要轴线，另外设置侧殿、僧人住所、仓亭等建筑。这种类型的寺院比较典型的有包头市土默特右旗美岱召镇美岱召、巴彦淖尔市五原县银定图镇胜利村一社的拉僧庙等。

2. 宫殿建筑

在中国传统社会中，宫殿一般位于城市之中，但内蒙古自治区的一些传统村落中却有宫殿建筑。内蒙古在封建社会时期实行盟旗制度，不少封建王公在自己的驻地建起宫室建筑，之后其他牧民陆续在宫室周围定居下来，由此形成了具有宫室建筑的传统村落。在内蒙古传统村落中，有宫室建筑的村落比较少见，其中最有代表性的是乌兰察布市查干补力格苏木王府村。

图 7-7
乌兰察布市查干补力格苏木王府村王爷府

乌兰察布市查干补力格苏木王府村的王爷府始建于1905年，由当时的札萨克郡王第13代王爷勒旺诺尔布兴建。该府建成后，先后经历了3代王爷，共44年时间。王府坐落在一个较平坦的草原地带，南、北均为丘陵山地，建筑面积为2439平方米。王爷府坐西朝东，由府衙、后宫、家庙和祖先哈撒尔的祭堂等四部分组成。府衙和后宫是汉式砖瓦结构的院落，家庙则是两座藏式佛殿。整个王府红柱灰瓦、雕梁画栋，体现了汉式王府建筑与藏式建筑艺术的完美结合。

3. 敖包

敖包也叫"鄂博"，意为"堆子"，是指木石堆或土堆。原来被人们当作道路和边界的标志，后来逐步演变成丰收吉庆、幸福平安的象征。但凡人们路过敖包，都要进行祭拜，还要往敖包上添放土石，以求平安吉祥。

敖包一般由石块或土堆垒砌而成。每个敖包都有自己的名称，通常以所在地的名称来命名。敖包一般位于高坡或丘陵之上，堆积土石为台，台基上重叠大、中、小3层，高达数丈，呈圆锥形，远看像一座尖塔。敖包或者单独一个，或者由多个组成敖包群。如果是敖包群，则一般是大敖包位于中间，其他小敖包围绕在大敖包周围。

图 7-8
草原上的敖包

第四节
内蒙古自治区传统村落的非物质文化景观

一、宗教文化景观

从元代开始，内蒙古就一直处于多种宗教并存的状态。藏传佛教、汉传佛教、道教及萨满教等各种宗教都在内蒙古有一定范围的传播。相比其他宗教，藏传佛教传播最广、影响最大。

藏传佛教在明代传入内蒙古，在俺答汗等蒙古各部封建领主的积极倡导和支持下，很快在内蒙古传播开来。进入清代以后，藏传佛教在内蒙古持续发展，逐渐传播至内蒙古全境各地。晚清以后，内蒙古的藏传佛教日益衰弱。现在藏传佛教在内蒙古的西部、北部的牧区和中部的半农半牧区，仍还保持着比较大的影响。

汉传佛教和道教是伴随着内地汉族百姓迁居内蒙古，才逐渐开始在内蒙古地区传播的。汉传佛教和道教在内蒙古地区的分布范围和内地汉族区域的分布基本上一致，主要在内蒙古的中部和南部农区有比较大的影响。

萨满教是内蒙古地区的传统宗教，曾一度在内蒙古地区占据统治地位。后来随着藏传佛教的传入，萨满教逐渐衰弱。

二、民俗文化景观

人们的日常生活和民族属性有非常密切的关系，民族属性决定着日常生活方式。在内蒙古地区，蒙古族、达斡尔族、鄂伦春族、鄂温克族的民俗文化比较具有特点。

（一）日常生活

蒙古族男女老幼都喜欢穿长而大的蒙古袍。蒙古袍两袖宽长，下端左右不分衩，领子较高，右边大襟钉扣；领口、袖口、衣边常用花边镶饰。男袍多为蓝色、棕色；女袍多为红色、绿色、紫色。蒙古族男性穿蒙古袍时必须束腰带。蒙古族腰带一般长3—4米，由整幅布匹或绸料制作而成，颜色与蒙古袍颜色相协调。已婚妇女除骑马外，一般情况下不束腰带。未出嫁的姑娘跟男性一样必须束腰带。蒙古族妇女在穿蒙古袍时，一般都会用彩色长绸缠绕头部。

蒙古族传统饮食以奶和肉类食物为主，他们日常最喜欢的食品是马奶酒、手扒羊肉、烤羊肉。手扒羊肉，一般选用膘肥肉嫩的羊，就地宰杀后，剥皮入锅，进行蒸煮。吃的时候不用筷子，直接用手。蒙古族酷爱喝奶茶。奶茶由砖茶和牛奶放在一起熬煮而成，奶茶煮成后，再加入糖或盐饮用。与客人相见时，主人一般会将斟满酒的碗放在哈达上，向客人唱祝酒歌敬酒。

在闲暇时间，男人们饮酒作乐，比赛摔跤，纵情高歌。牧民一般在蒙古包里居住。蒙古族被称为马背上的民族，马是牧民传统的交通工具。牧民的生活一半在马背上，一半在蒙古包里。

（二）节庆活动

1. 那达慕大会

"那达慕"意为"娱乐、游戏"，是蒙古族村落的人们为了庆祝丰收而举行的文体娱乐大会。那达慕大会历史悠久，相传最早源自1206年铁木真被推举为成吉思汗时举行的庆祝大会。那达慕大会的内容有摔跤、赛马、射箭、套马、下蒙古棋等项目。大会期间，各

图 7-9
那达慕大会

地农牧民骑着马,赶着车,带着皮毛、药材等农牧产品,在会场周围的草地上搭起蒙古包,进行商品交易。晚上,人们弹起马头琴,围着篝火唱歌跳舞。

那达慕大会举行的时间不固定,大约每年七八月举行。在一些藏传佛教文化浓厚、有重要佛教寺院的村落,那达慕大会一般会和当地寺院的法会同时举行。如,包头市石拐区吉忽伦图苏木五当召村、包头市昆都仑区卜尔汉图镇卜尔汉图嘎查举行嘛呢法会时,同时举行那达慕大会,称为那达慕大会暨嘛呢法会。这种类型的那达慕大会不仅有戏剧、赛马、摔跤等各类活动,而且还进行念经、礼佛等佛事活动,吸引四方僧侣、香客纷纷前来布施朝拜。

2. 敖包会

敖包会是内蒙古村落最隆重的祭祀节日。蒙古族人认为敖包是神灵所在,是草原的保护神,所以向其祈求祭祀。[①] 祭敖包多在农历七月十三举行。祭祀时,人们先敬献哈达和祭品,再由喇嘛诵经祈祷。人们跪拜后,往敖包上添加石块或插植柳条,并悬挂经幡、五色绸布条等。最后,参加祭祀仪式的人们从左向右围绕敖包转三圈,以求保佑人畜两旺、福运满门。祭祀活动结束后,人们一般会举行赛马、摔跤、射箭等文体活动。这时,商人们会在敖包会上摆摊售货。青年男女则利用这个机会谈情说爱。这就是所谓的"敖包相会"。

---

① 赛音塔娜. 中国民俗大系·内蒙古民俗 [M]. 兰州:甘肃人民出版社,2003.

图 7-10
祭敖包

图 7-11
蒙古族百姓过春节

3. 春节

春节是内蒙古各大小村落十分重要的节日。蒙古族村落把农历春节叫作"希恩吉尔",即新年。因春节期间有吃洁白奶食的习惯,所以又称"白节"。蒙古族的除夕,通常会吃饺子,向长辈敬"辞岁酒",还要将点心、奶食、糖果等摆放在盘子里招待客人。吃完饭,大家一般进行唱歌跳舞等娱乐活动。第二天早晨,男女老幼穿上鲜艳漂亮的衣服,由长辈带领着祭天,并在敖包前向西南方向礼拜，接着，便开始拜年。拜年时，牧民一般要献上一两首颂辞或颂歌。初一到初四人们一般不远行，只在村落附近相互拜年。初五以后，他们才到更远处的亲友家拜年，和亲友一起欢聚宴饮。

（三）婚丧嫁娶

蒙古族实行一夫一妻制，同姓不婚。蒙古族的婚嫁过程分为订婚、过彩礼、迎亲、拜天地等环节。蒙古族人的婚事一般由父母做主，媒人说合。通常先由媒人带上酒到女方家提亲，如女方同意就喝"开口酒"，否则便谢绝。接着媒人把男方家的全羊及酒等贵重礼品送到女方家，正式定亲。娶亲时，新郎身穿盛装，系腰带，背弓挎箭，骑马去新娘家迎亲。到达女方家后，新郎要在完成传统歌谣盘诘答辩仪式之后，才能进屋。新婚夫妇对坐，亲朋们摆上全羊、美酒，向新郎新娘劝酒。之后，新郎新娘拜双亲，为客人敬酒。最后，新郎将新娘接回男方家，两人拜天地，对长辈行磕头礼，正式成为一家人。

蒙古族王公贵族一般设置陵寝，装入棺椁安葬。一般平民百姓皆实行野葬。人死后，尸体包裹单衣、毛毡等，放置在牛车上，到一定地点后，尸体坠地之处即为其安眠之处，任犬、狼、鹰啄食。数日后，如鸟兽未食，则意味着亡者生前多罪孽，要请喇嘛念经，祈求冥福。

三、文化艺术景观

（一）民间文学

1.《格斯尔》

蒙古族著名英雄史诗《格斯尔》广泛流传在我国青海、甘肃、内蒙古、新疆等省区的蒙古族百姓中。《格斯尔》脱胎于藏族史诗《格萨尔》，两部史诗的主要人物基本相同，故事情节亦有很多类似之处。《格斯尔》描写的是玉皇大帝次子格斯尔降生人间，为民消灾除害的英雄事迹。除格斯尔外，史诗还塑造了妃子茹格慕高娃、大将哲萨、叛徒超通等几位人物。这些人物特征鲜明、形象生动，深受广大农牧民喜爱。

《格斯尔》以史诗传记形式记述格斯尔成长的过程。格斯尔在成为可汗之前，惩恶除暴，先后除掉了破坏牧场的鼹鼠精、残害婴儿的魔鬼喇嘛和黑色斑斓猛虎，接着他又施展法术把沙漠改造成草原，把荒凉贫瘠的土地变成兴旺繁荣的人间乐园。他成为可汗后，爱护百姓，睦邻友好，以英勇无畏的精神粉碎了敌人的侵犯。此后，格斯尔又经历各种磨难，终于为部落迎来了持久的幸福和平。

《格斯尔》每章都是一个完整的故事，但各章之间又保持着比较密切的联系。《格斯尔》故事情节繁复曲折，场面紧张激烈，语言生动活泼，大量吸收神话传说、民间俗谚、祝词赞词、咒语格言，巧妙地运用比喻、夸张、拟人等表现手法，使整部作品呈现出雄浑瑰丽、多彩多姿的艺术风格。

2.《巴拉根仓的故事》

《巴拉根仓的故事》是以巴拉根仓为主人公的蒙古族民间大型讽刺幽默故事集,和藏族的《阿古顿巴的故事》、维吾尔族的《阿凡提的故事》同属一类。"巴拉根仓"意为"丰富的语言"或"智慧的宝库"。《巴拉根仓的故事》中的主人公巴拉根仓并不是真实存在的人物,他是蒙古族劳动人民根据自己的想象虚构出来的理想人物。《巴拉根仓的故事》在内蒙古的呼伦贝尔、科尔沁、鄂尔多斯蒙古族聚居区流传比较广泛。

《巴拉根仓的故事》基本框架是从蒙古族古老的民间故事《答兰胡达勒齐》(意为"能言善辩者"或"撒谎大王")演变而来的。在《巴拉根仓的故事》中,腐败愚蠢的官僚老爷们给巴拉根仓加上各种罪名想迫害他,但每次都被他机智地打败。在穷苦人民中间,巴拉根仓受到热烈欢迎。巴拉根仓智慧、幽默、勇敢,富有爱心。他帮助普通百姓,除暴安良,是蒙古族人民心目中正义、智慧的化身。

《巴拉根仓的故事》运用夸张、怪诞的讽刺手法,揭露反面人物和丑恶事物。语言质朴而犀利,故事情节具有谜语式特点,往往在叙述事件时设置伏笔,并在关键之处或故事末尾将谜底揭开。谜底一经揭开,妙趣横生,让大家在笑声中悟出深刻的道理。

(二)民间绘画

1. 炕围画

炕围画是内蒙古自治区土默特右旗的一种民间绘画艺术形式。在内蒙古,土炕是人们休息和取暖的设施。人们将被褥叠放于炕角,为避免被褥被墙身弄脏,便围绕墙面刷约 70 厘米高的围子,然后在上面画上多种样式的花边、图案,刷两层清漆,对墙面进行保护,俗称"炕围子"。土默特右旗的炕围画艺术吸取了我国古代建筑中的绘画艺术技法,结合我国传统故事和民间美术表现形式,并融入了蒙古族文化特点,形成了其独具特色的地域文化风格。土默特右旗炕围画描绘的人物形象栩栩如生,山水风景让人如身临其境,在内蒙古绘画艺术中独树一帜。

2. 皮雕画

皮雕画也称"软浮雕",是内蒙古比较古老的一种绘画艺术形式。皮雕画是指在动物皮革上经过雕刻、烙烫、彩绘等工艺制作而成的绘画。皮雕画以羊皮地图、简单的装饰画最为常见。内蒙古呼和浩特市传统村落的皮雕画,精选天然优质牛皮,经过特殊的描绘、着色、层染、抛光、定型等一系列工艺制成,2016 年被列入内蒙古自治区非物质文化遗产代表性项目名录。

(三)民间音乐

1. 蒙古族长调

蒙古族民歌曲调起伏较大,音域宽广,歌曲给人辽阔、奔放的感觉,表现了蒙古族人豪放的性格特征。蒙古族民歌根据其音乐特点可以分为长调和短调两种。前者节奏自由,气息悠长,速度缓慢,音域宽广;后者则节奏规整,轻快活泼。

长调蒙古族民歌主要流行于牧区。长调结构较自由,题材集中在思念家乡、亲人,赞美骏马以及祝酒等方面。民歌的内容多反映人们日常生活的一个侧面，很少有鸿篇巨制。流行于阿拉善的民歌有《富饶辽阔的阿拉善》，流行于呼伦贝尔的民歌有《辽阔的草原》，流行于锡林郭勒的民歌有《小黄马》等。

2. 蒙古族呼麦

呼麦是蒙古族一种民歌的演唱方法。这种方法是在利用口腔内的空气振动声带，产生共鸣的基础上，巧妙地通过舌尖的空隙，持续发出低音，并不断地产生高音曲调。使用这种方法演唱，可以清晰地听到一个人同时发出持续的低音和高音曲调。蒙古族呼麦大部分是由两部分人来演唱：在几个人唱持续低音的同时，一个人唱高音曲调。

3. 蒙古族好来宝

好来宝是蒙古族的一种说唱艺术形式。"好来宝"意为"连起来唱"或"串起来唱"，是一种由一人或者多人用四胡等乐器自行伴奏，用蒙古族语言进行说唱表演的艺术形式。好来宝艺人在表演时，往往现场即兴编词演唱。唱词篇幅长短不一，兼具叙事和抒情，普遍运用比喻、夸张、排比、反复等手法，赞颂美善、讽刺丑恶。表演风趣幽默，节奏活泼，深受广大农牧民的欢迎。

（四）民间工艺

1. 骨雕

骨雕是指以牲畜的骨头为原料雕刻而成的工艺品。骨雕原来被用作日用品，随着历史的变迁，骨雕逐渐从日用品演变为装饰品。

内蒙古骨雕历史悠久，起源于元代。内蒙古骨雕在制作过程中，将图案和雕刻技艺融为一体，具有题材广泛、构图饱满、造型夸张、线条简练、玲珑剔透的艺术特点，体现出内蒙古浓郁的游牧生活气息和独特的地域色彩。

2. 蒙古刀

蒙古刀是蒙古族牧民不可缺少的日用品，主要用来杀羊吃肉，同时也可以用作装饰品。蒙古刀种类繁多，造型各异，大小不一。刀身通常用优质钢材打制而成，长十几至数十厘米不等。刀柄一般用牛角、红木做成，镶有精美的图案。刀鞘上有环，环上缀有丝线带子。丝线带子一头装置环，可以借此把刀挂在胯上。

第五节
内蒙古自治区传统村落集萃

内蒙古传统村落民族文化独特，村落原生性较好，是内蒙古传统文化的重要载体。根据住建部等公布的中国传统村落名录，截至2019年，内蒙古共有15个蒙古族村落入选国家传统村落名录。在此列举两个具有代表性的传统村落进行介绍，它们分别是包头市土默特右旗美岱召镇美岱召村、包头市石拐区五当召村。

一、包头市土默特右旗美岱召镇美岱召村

美岱召村，因村内有美岱召寺而得名。位于包头市东部的土默特右旗美岱召镇，北依阴山支脉大青山主峰九峰山，南临黄河。村内地貌大致分为山地与平原两种，村西、村北有少量丘陵，美岱召寺由明代土默特蒙古族首领俺答汗兴建，它模仿中原汉式建筑风格，融合藏蒙特点，是喇嘛教传入内蒙古后的弘法中心，距今已有400多年的历史，是典型的城寺结合、人佛共居的喇嘛庙。

图 7-12　包头市土默特右旗美岱召镇美岱召寺

美岱召寺依山傍水，景色宜人，集寺庙、王府与城池为一体。美岱召寺总面积约 4000 平方米，呈长方形，周长 681 米，四角建有角楼，南墙中部开设城门。城墙用土石砌筑，敦厚结实。寺里主体建筑有经堂、大雄宝殿、罗汉堂及观音殿等，佛殿殿宇高大雄伟，殿内供奉很多精美的佛像并陈列各种法器，墙面绘有佛教故事和护法神像等内容的壁画。

美岱召村历史悠久，民俗文化丰厚，有查玛舞、美岱召庙会、牌子曲、炕围画、剪纸、坐腔等传统民俗文化。查玛舞又叫"跳鬼"，是集宗教、文化、娱乐为一体的民俗歌舞。查玛舞既有藏传佛教的古朴刚劲，又有蒙古族的粗犷豪放。查玛舞种类很多，内容形式各异。舞蹈者为寺院喇嘛，他们以特制的服装、面具，扮演不同角色。跳舞时，他们默诵藏文口诀，按照快慢节拍跳舞，一幕一幕陆续演出剧情。

二、包头市石拐区五当召村

五当召村位于包头市阴山深处的五当沟内，因村内有五当召寺而得名。五当召村植被茂盛，松柏苍翠，流水潺潺，生态良好。村落附近的吉忽伦图山海拔 2071 米，山顶上有吉忽伦图敖包。每到夏季，山顶云雾缭绕，气象万千。

五当召寺以西藏扎什伦布寺为蓝本，依山势建造，规模宏大，是内蒙古地区现存最大、最完整的纯藏式喇嘛寺庙，由六大经堂、三座活佛府邸及一座灵堂组成，共有房舍 2500 余间，占地约 0.2 平方千米。五当召寺内有金、银、铜质料铸成的佛像 1500 余尊，其中

图 7-13
包头市石拐区五当召村

最大的佛像有三层楼高,最小的不超过一寸。寺内还保存有大量历史人物、风俗、神话及山水花鸟壁画。这些壁画色彩艳丽,线条流畅,具有很高的文物和艺术价值。

每年秋天,五当召寺都会举办一年一度的五当召嘛呢法会暨那达慕大会。"嘛呢会"是五当召寺最为隆重、影响最大的一个全召性的经会。从农历七月二十五开始到八月初一结束。法会期间,寺院大殿大门紧闭,喇嘛们在殿内连续念七天七夜的嘛呢经。附近地区的农牧民在法会期间云集寺院附近,除进行宗教活动之外,还举行包括摔跤、赛马、射箭等传统竞技比赛在内的那达慕大会。

第六节
内蒙古自治区传统村落的保护与发展

一、保护与发展的现状

内蒙古传统村落文化丰富多彩，是内蒙古传统文明的重要载体。内蒙古各级政府高度重视传统村落的保护与建设，先后出台一系列政策法规和保护细则，初步形成了政府主导、多方参与的保护格局，传统村落保护取得了一定成效。但同时也应当看到，由于历史、观念、机制等方面原因，内蒙古的传统村落保护仍面临巨大的挑战，存在一些不容忽视的问题，需要不断加以改进。

（一）传统村落保护的压力大

内蒙古幅员广阔、传统村落相对分散，不同传统村落的地理位置和自身情况差别较大。这使村落保护面对的问题各不相同，需要因地制宜地制定不同的保护措施，给村落保护无形中增加了大量工作。有些村庄由于交通便利，游客数量众多，面临着在旅游开发的环境中保护传统村落风貌的压力。而另一部分传统村落，则由于农村人口大量外流，传统工艺濒临失传，开始出现"空心化"现象，基本上处于无保护的自然衰败状态。

随着城镇化、工业化进程的加快和外来文化的冲击影响，传统村落拆旧建新、房屋扩建的现象比较多，传统村落建筑的布局形式和框架结构被打乱的问题比较突出。[①] 同时在旅游业发展过程中，部分传统村落缺乏整体规划，导致产业较为低端和同质化，使传统村落的保护和发展面临着极大的压力。

（二）传统村落自我发展的能力差

传统村落基本上以传统农业为主，土地相对贫瘠、基础设施滞后，不便于机械化。传统农业收益较低，收入较少，再加上农村交通、基础设施建设落后，出行难、运输难，原住居民文化程度低、素质技能低等因素，致使传统村落自身发展能力差，没有办法凭借自身能力进行自我提升。

为了提高生活水平，很多传统村落通过发展旅游业来提高经济收入。但在发展旅游业的过程中，部分村落急功近利，存在旅游规划水平低、旅游建设质量差等现象。在旅游业发展中，很多非常珍贵的文物被十分随意地抛弃。作为村落主人的村民被排斥于旅游业发展之外，成为旅游业发展的弱势群体，致使村落发展内生动力严重不足。

（三）保护传统村落的意识和水平有待提高

很多老百姓和部分政府官员普遍认为传统村落破旧衰败，对保护传统村落的意义理解不够。在农村建设中，有些政府部门只注重

[①] 赵云.内蒙古中部地区传统村落空间形态更新策略研究——以凉城县园子沟村为例[D].西安：西安建筑科技大学，2013.

表面和形象工程，对传统村落进行标准统一的整修，使这些传统村落"千村一貌"，失去原有的特色和风貌。许多地方村民参与保护项目的积极性普遍不高，认为保护传统村落是政府的事，与村民无关。各地村民为满足住房需求而拆旧建新、随意破坏古建筑的现象时有发生。

有些地方对传统村落的保护没有一套完整的组织领导体系，相互扯皮、相互推托的现象时有发生，很少主动参与到传统村落的保护中来，保护工作还没有真正走向法制化、制度化。很多传统村落在保护中，往往倾向于通过争取项目资金对传统村落进行修缮，但修缮后如何长效养护、怎么转化成特色文化旅游资源，还缺乏切实可行的办法。同时，基层村镇财力不足，也使当地传统村落普遍缺乏后续养护资金。

二、活化路径探析

（一）坚持保护优先，彰显个性特征

坚持"四个保护"原则。重视当地居民在文化创造中的能动作用，注重保留原汁原味的文化传统，注意保护当地居民的利益诉求。健全各个部门之间的协同保护机制，使保护与开发工作统筹推进。定期组织专项普查工作，建立数据平台，实现先进的数字化管理，以现代科技手段保护传统村落。坚持开发利用与环境保护相适应，在保护为重、活态传承、平衡利益、改善民生理念指引下，对传统村落进行利用和开发。

立足乡村实际，以文化建设为抓手，深入发掘传统文化。依照保留传统、适应现代的思路，实施"一村一品"发展战略，结合传统村落的环境、居民生活需求，对传统村落文化进行提炼和升华，树立文化符号、塑造文化品牌、培育文化项目，推动传统村落差异化、特色化发展。努力实现传统村落文化的有序传承，把传统村落打造成彰显本地特色、传承本地文化的载体。

（二）改善人居环境，提升村落形象

科学设计传统村落资源保护方案，优化传统村落发展规划，强化公共服务设施建设，有效改善传统村落的生态环境、自然景观和人居环境。突出重点，兼顾全面，有机协调好传统村落在文物保护和生产生活等方面的矛盾。按照生态、生活两者兼顾的原则，积极整合各类资源，高标准进行生态环境绿化、生活环境综合整治，推动传统村落面貌美起来、农村经济活起来、农民群众富起来。

立足村落实际，统筹实施，科学有序地对传统村落进行综合整治、整体提升。坚持放眼世界的国际视野，创新文化旅游体验途径，培育壮大精品景观项目，吸引高端游客群，放大典型景观的示范带动效应，努力实现传统村落生态环境优美、文化遗产保存完好、人居环境和谐发展的目标。

（三）培育特色产业，营造内生动力

实施传统村落产业发展推进计划，突出抓好林业、农业、旅游业等共生体系，努力将生态优势转化为经济优势，使村落从原始生态走向现代文明。推动村落农业与旅游业有机衔接,加强民间文化产业发展,推广宣传民族特色、地域特色食品、纪念品的生产和销售,推动民间手工业市场化。

坚持村民的主体地位,坚持传统村落保护发展,将传统村落保护与老百姓利益结合起来,调动群众参与传统村落保护的积极性,努力提高村民的生产生活水平。通过旅游示范带动,探索脱贫收益模式,鼓励村民通过多渠道、多方式从事旅游发展,增强传统村落的自我"造血"能力。

参考文献

REFERENCES

[1] 石蕴琮，石应蕙，白征夫.内蒙古自治区地理[M].呼和浩特：内蒙古人民出版社，1989.
[2] 唐壮鹏.传统民居建筑与装饰[M].长沙：中南大学出版社，2014.
[3] 陆元鼎，陆琦.中国民居建筑艺术[M].北京：中国建筑工业出版社，2010.
[4] 张驭寰，彭海，刘宝兰.中国古建筑文化之旅：山西·内蒙古[M].北京：知识产权出版社，2002.
[5] 张驭寰，林北钟.内蒙古古建筑[M].天津：天津大学出版社，2009.
[6] 贺龙.内蒙古历史建筑[M].北京：中国建筑工业出版社，2019.
[7] 王南.内蒙古古建筑[M].北京：中国建筑工业出版社，2015.
[8] 张建华，薄音湖.内蒙古文史研究通览：民俗卷[M].呼和浩特：内蒙古大学出版社，2013.
[9] 敖其.中国民俗知识：内蒙古民俗[M].兰州：甘肃人民出版社，2008.
[10] 赛音塔娜.内蒙古民俗[M].兰州：甘肃人民出版社，2004.
[11] 蔡志纯，洪用斌，王龙耿.蒙古族文化[M].北京：中国社会科学出版社，1993.
[12] 王思明，刘馨秋.中国传统村落[M].北京：中国农业科学技术出版社，2017.
[13] 罗德胤.传统村落：从观念到实践[M].北京：清华大学出版社，2017.
[14] 何泉.西藏乡土民居建筑文化研究[M].北京：中国建筑工业出版社，2017.
[15] 木雅·曲吉建才.西藏民居[M].北京：中国建筑工业出版社，2009.
[16] 杨嘉铭，赵心愚，杨环.西藏建筑的历史文化[M].西宁：青海人民出版社，2003.
[17] 徐宗威.西藏传统建筑导则[M].北京：中国建筑工业出版社，2004.
[18] 陈耀东.中国藏族建筑[M].北京：中国建筑工业出版社，2007.
[19] 黄凌江.线描西藏[M].北京：中国电力出版社，2008.
[20] 汪永平.阿里传统建筑与村落[M].南京：中国建筑工业出版社，2017.
[21] 陈默.空间与西藏农村社会变迁[M].北京：中国藏学出版社，2013.
[22] 琼达.西藏民俗旅游文化[M].北京：中国社会出版社，2016.
[23] 冯骥才.保护古村落是当前文化抢救的重中之重[J].政协天地，2009（11）：18-19.
[24] 刘铮，范桂芳.蒙古族民居的演变与可持续发展初探[J].内蒙古工业大学学报，2005（4）：29-37.
[25] 海山.内蒙古农牧交错地带可持续发展研究[J].经济地理，1995（6）：100-104.
[26] 赵立志.内蒙古中部农村居住环境的改造与村落发展研究[J].西北建筑工程学院学报，1993（2）：42-46.
[27] 徐虹，秦达郅，任建飞.传统林区村落旅游扶贫开发路径及影响机制——以内蒙古阿尔山市鹿村为例[J].社会科学家，2018（9）：82-88.
[28] 李丽，郑庆和，谢亚权.蒙古族聚集地建筑的地域性与民族性的关系[J].建筑与文化，2016（3）：76-77.
[29] 王曼.中国传统村落保护的困境与出路[J].研究探讨，2018（12）：154.

[30] 陈世刚. 宗教与中国村落文化[J]. 江西师范大学学报（哲学社会科学），1992（4）：51-54.
[31] 吴必虎. 基于乡村旅游的传统村落保护与活化[J]. 社会科学家，2016（2）：1-3.
[32] 吴必虎，王梦婷. 遗产活化原址价值与呈现方式[J]. 中国旅游发展笔谈，2018（9）：1-5.
[33] 吴必虎，徐小波. 传统村落与旅游活化学理与法理分析[J]. 扬州大学学报（人文社会科学版），2017（1）：1-17.
[34] 王玉海. 清代内蒙古农业村落的形成和特点[J]. 中国边疆史地研究，1992（4）：28-36.
[35] 潘照东，刘俊宝. 草原文化的区域分布及其特点[J]. 前沿，2005（9）：7-10.
[36] 张玉凤. 呼和浩特、包头、乌兰察布农村聚落调查报告[J]. 内蒙古师范大学学报（哲学社会科学版），1991（3）：132-138.
[37] 陈世刚. 宗教与中国村落文化[J]. 江西师范大学学报（哲学社会科学版），1992（10）：51-54.
[38] 杨嘉铭. 藏式建筑艺术与风格[J]. 康定民族师范专科学校学报，1999（9）：9-16.
[39] 宁世群. 西藏建筑艺术的魅力[J]. 西南民族学院学报（哲学社会科学版），1990（2）：40-44.
[40] 加快公共文化服务体系建设研究课题组. 城镇化进程中传统村落的保护与发展研究——基于中西部五省的实证调查[J]. 社会主义研究，2013（4）：116-123.
[41] 索朗旺姆，蒋其平. 城镇化进程中西藏传统村落保护与发展研究——以拉萨市贾热村为例[J]. 西部人居环境学刊，2017（6）：92-95.
[42] 邹怡情. 对景迈山传统村落保护发展的思考和探索[J]. 中国文化遗产，2018（2）：54-63.
[43] 魏美仙，蒋少华. 多元文化背景下少数民族艺术的生存与传承——基于云南彝族、傣族两个村落的田野考察[J]. 云南艺术学院学报，2009（4）：73-77.
[44] 黄晓军. 浅谈我国传统村落保护的问题与对策[J]. 金融经济，2018（24）：137-138.
[45] 黄凌江. 西藏传统建筑空间与宗教文化的意象关系[J]. 华中建筑，2010（5）：134-137.
[46] 刘忠. 西藏中期村落共同体形态初探[J]. 西藏研究，1993（4）：51-59.
[47] 李超，蒋彬. 西南民族地区传统村落保护研究概况与展望[J]. 民族学刊，2018（3）16-24＋97-103.
[48] 李文博. 西藏拉萨地区传统建筑风格探讨[J]. 西藏科技，2011（4）：23-26.
[49] 程堂明. 记忆传承乡愁文化保护发展传统——以龙潭肖村保护发展方法探索为例[J]. 小城镇建设，2016（7）：33-38.
[50] 梁步青，肖大威，陶金，等. 赣州省际古道沿线传统村落形态特征及形成机制研究[J]. 小城镇建设，2018（12）：59-66.
[51] 木雅·曲吉建才. 西藏传统建筑与环境评析[J]. 西部人居环境学刊，2002（2）：14-29.
[52] 单彦名，赵亮，冯新刚. 西藏林芝地区错高村传统村落保护与发展规划[J]. 城市建筑，2017（8）：94-99.
[53] 周拉. 略论藏族神山崇拜的文化特征及功能[J]. 中央民族大学学报（哲学社会科学版），2006，33（4）：86-91.
[54] 王玉海. 清代内蒙古农业村落的形成和特点[J]. 中国边疆史地研究，1992（04）：28-35.
[55] 边普. 地域文化视角下的拉萨市贾热村保护与利用研究[D]. 成都：西南交通大学，2017.
[56] 郝晓宇. 宗教文化影响下的乡城藏族聚落与民居建筑研究[D]. 西安：西安建筑科技大学，2013.
[57] 王世良. 非物质文化遗产与其传承村落共生保护研究[D]. 西安：西安建筑科技大学，2017.
[58] 王珊. 内蒙古中部文化旅游资源开发研究[D]. 呼和浩特：内蒙古师范大学，2007.
[59] 苏天祺. 内蒙古中部地区传统村落的保护与发展研究[D]. 天津：天津科技大学，2017.
[60] 孙乐. 内蒙古地区蒙古族传统民居研究[D]. 沈阳：沈阳建筑大学，2012.
[61] 马莉. 城乡统筹视角下传统村落的保护与发展研究[D]. 兰州：兰州理工大学，2017.
[62] 乌日力嘎. 城镇化进程中游牧村落文化的保护——以内蒙古呼格吉勒图嘎查为个案[D]. 武汉：华中师范大学，2015.
[63] 王世良. 非物质文化遗产与其传承村落共生保护研究[D]. 西安：西安建筑科技大学，2017.
[64] 王轶楠. 多中心治理视角下民族融合地区传统村落文化保护利用——以乌兰察布市隆盛庄为例[D]. 呼和浩特：内蒙古大学，2019.

[65] 郭文浩. 基于空间句法的传统村落空间形态保护与发展研究——以柏社村为例[D]. 西安：西安外国语大学，2018.
[66] 刘散如拉. 转型时期蒙古族村落社会及其变迁研究——以内蒙古东部蒙古族村落为例[D]. 通辽：内蒙古民族大学，2011.
[67] 赵云. 内蒙古中部地区传统村落空间形态更新策略研究——以凉城县园子沟村为例[D]. 西安：西安建筑科技大学，2013.
[68] 李孟竹. 北京传统村落马栏村保护与发展研究[D]. 北京：北京建筑大学，2015.
[69] 郭亚男. 藏传佛教文化与建筑空间的对应建构研究[D]. 北京：北京建筑大学，2017.
[70] 赵盈盈. 藏东民居建筑装饰艺术研究[D]. 南京：南京工业大学，2012.
[71] 马莉. 城乡统筹视角下传统村落的保护与发展研究[D]. 兰州：兰州理工大学，2017.
[72] 宁晖. 非遗类传统村落保护研究——以武汉市泥人王传统村落为例[D]. 武汉：华中科技大学，2016.
[73] 李晓波. 杭州西湖景中村游憩空间研究[D]. 杭州：浙江农林大学，2014.
[74] 王轶楠. 基于村落传统民居保护利用的民宿改造设计策略研究[D]. 重庆：重庆大学，2017.
[75] 邢晶晶. 基于延续性视角的传统村落保护与发展研究——以山西丁村为例[D]. 长沙：湖南师范大学，2015.
[76] 刘明娟. 拉萨传统聚落研究——以拉萨次角林村为例[D]. 天津：天津大学，2011.
[77] 令宜凡. 民族文化影响下青海循化撒拉族乡村聚落空间形态研究[D]. 西安：西安建筑科技大学，2017.
[78] 李尚. 墨脱县门巴族传统聚落空间研究[D]. 北京：北京建筑大学，2017.
[79] 乔小河. 时间与空间中的西藏农村民居：以堆龙德庆县那嘎村为例[D]. 北京：中央民族大学，2012.
[80] 周娟. 适应气候的西藏建筑特色研究[D]. 天津：天津大学，2010.
[81] 过薇. 顺昌县传统村落文化遗产的保护与发展研究[D]. 福州：福建农林大学，2018.
[82] 刘雪舒. 西藏巴松措景区工布藏族古村落景观形态研究[D]. 成都：四川农业大学，2015.
[83] 刘楚. 西藏波密民族建筑风貌在扎木镇城镇建设中的传承与应用研究[D]. 广州：华南理工大学，2013.
[84] 苑力文. 西藏传统建筑与西藏当代建筑的共生发展研究[D]. 长春：东北师范大学，2015.
[85] 旦曲. 西藏当代室内设计中传统文化传承方式的研究[D]. 成都：西南交通大学，2007.
[86] 刘阳. 西藏地区镇村民居建构要素提取方法研究[D]. 北京：北京建筑大学，2016.
[87] 杨慧媛. 西藏高原的地区建筑形态构成要素研究[D]. 北京：北京建筑大学，2015.
[88] 李驰. 西藏建筑的前世今生：拉萨地区建筑地域性研究[D]. 天津：天津大学建筑学院，2010.
[89] 刘国伟. 西藏江孜老城聚落与民居研究[D]. 重庆：重庆大学，2012.
[90] 萧依山. 西藏林芝地区传统聚落与建筑研究[D]. 重庆：重庆大学，2016.
[91] 李文东. 西藏山南地区传统民居结构及装饰特征研究[D]. 长沙：中南林业科技大学，2013.
[92] 陈江妹. 乡村旅游游憩空间规划设计研究：以杭州市太湖源镇指南村游憩空间规划设计为例[D]. 杭州：浙江农林大学，2012.
[93] 王莉莉. 云南民族聚落空间解析——以三个典型村落为例[D]. 武汉：武汉大学，2010.
[94] 吴必虎. 乡村旅游是古村活化的有效途径[N]. 农民日报，2016-05-25（03）.
[95] 徐晓敬. 抢救古村落——保护仍然活着的历史[N]. 辽宁日报，2015-02-09（A03）.
[96] 顾作义. 抢救和保护古村落是传承历史文化的重要任务[N]. 中国艺术报，2012-04-03（T02）.
[97] 高德康. 关于在城镇化进程中如何保护好古村落——抢救地域传统文化"活化石"的建议[N]. 消费日报，2013-03-08（A02）.

附录：藏蒙传统村落名单

表 8-1　藏蒙传统村落西藏自治区部分

序号	批次	名称
1	第一批 （2012-12-17）	昌都地区左贡县东坝乡军拥村
2		日喀则地区吉隆县贡当乡汝村
3		日喀则地区吉隆县吉隆镇帮兴村
4		林芝地区工布江达县错高乡错高村
5	第二批 （2013-08-26）	拉萨市墨竹工卡县甲玛乡赤康村
6	第三批 （2014-11-17）	拉萨市尼木县吞巴乡吞达村
7		昌都地区洛隆县硕督镇硕督村
8		那曲地区尼玛县文部乡南村
9		林芝地区波密县玉普乡米堆村
10	第四批 （2016-12-09）	日喀则市南木林县土布加乡岗嘎村
11		日喀则市定日县岗嘎镇岗嘎村
12		日喀则市谢通门县通门乡坚白村
13		日喀则市亚东县帕里镇一、二、三、四居委
14		林芝市巴宜区鲁朗镇扎西岗村
15		林芝市波密县八盖乡日卡村
16		山南市乃东县扎西曲登村
17		山南市琼结县下水乡唐布齐行政村
18	第五批 （2019-06-06）	拉萨市堆龙德庆县柳梧乡达东村
19		日喀则市定日县协格尔镇曲下村
20		日喀则市仁布县切洼乡嘎布久嘎村
21		日喀则市康马县少岗乡朗巴村
22		昌都市左贡县旺达镇木龙村
23		山南市贡嘎县岗堆镇桑布日村
24		山南市桑日县桑日镇雪巴村

续表

序号	批次	名称
25	第五批 (2019-06-06)	山南市琼结县拉玉乡强吉村
26		山南市措美县乃西乡鲁麦村
27		山南市洛扎县边巴乡美秀村
28		山南市洛扎县扎日乡拉隆村
29		山南市错那县库局乡桑玉村
30		山南市错那县库局乡库局村
31		阿里地区普兰县普兰镇科迦村

表8-2 藏蒙传统村落青海藏族集中居住区部分

序号	批次	名称
1	第一批 (2012-12-17)	黄南藏族自治州同仁县保安镇城内村
2		黄南藏族自治州同仁县隆务镇吾屯下庄村
3		黄南藏族自治州同仁县年都乎乡年都乎村
4		黄南藏族自治州同仁县年都乎乡郭麻日村
5		黄南藏族自治州同仁县曲库乎乡江什加村
6		玉树藏族自治州玉树县仲达乡电达村
7	第二批 (2013-08-26)	黄南藏族自治州同仁县扎毛乡牙什当村
8		海南藏族自治州贵德县河西镇下排村
9		玉树藏族自治州囊谦县娘拉乡多伦多村
10	第三批 (2014-11-17)	黄南藏族自治州同仁县双朋西乡环主村
11		黄南藏族自治州同仁县双朋西乡宁他村
12		黄南藏族自治州同仁县双朋西乡双朋西村
13		黄南藏族自治州同仁县扎毛乡和日村
14		黄南藏族自治州同仁县黄乃亥乡日秀麻村
15		黄南藏族自治州同仁县曲库乎乡江龙农业村
16		黄南藏族自治州同仁县曲库乎乡木合沙村
17		黄南藏族自治州同仁县曲库乎乡索乃亥村
18		黄南藏族自治州同仁县年都乎乡尕沙日村
19		黄南藏族自治州同仁县加吾乡吉仓村

续表

序号	批次	名称
20	第三批 （2014-11-17）	黄南藏族自治州尖扎县贾加乡贾加村
21		黄南藏族自治州尖扎县昂拉乡尖巴昂村
22		黄南藏族自治州尖扎县昂拉乡牙那东村
23		海南藏族自治州贵德县河西镇上刘屯村
24		果洛藏族自治州班玛县江日堂乡多日麻村
25		果洛藏族自治州班玛县灯塔乡班前村
26		玉树藏族自治州玉树市安冲乡拉则村
27	第四批 （2016-12-09）	海东市化隆回族自治县金源藏族乡恰加村
28		海东市化隆回族自治县塔加藏族乡塔加一村
29		海东市化隆回族自治县塔加藏族乡塔加二村
30		海东市化隆回族自治县塔加藏族乡牙什扎村
31		海东市化隆回族自治县塔加藏族乡尕洞村
32		海东市循化撒拉族自治县道帏藏族乡比隆村
33		海东市循化撒拉族自治县文都藏族乡牙循村
34		海东市循化撒拉族自治县文都藏族乡毛玉村
35		海东市循化撒拉族自治县尕楞藏族乡合然村
36		黄南藏族自治州同仁县隆务镇吾屯上庄村
37		黄南藏族自治州同仁县兰采乡土房村
38		黄南藏族自治州同仁县年都乎乡录合相村
39		海南藏族自治州贵德县拉西瓦镇罗汉堂村
40		海南藏族自治州贵德县拉西瓦镇昨那村
41		玉树藏族自治州玉树市安冲乡结拉村查同社
42		玉树藏族自治州玉树市安冲乡拉则村英达社、英群社
43		玉树藏族自治州称多县清水河镇扎哈村
44		玉树藏族自治州称多县尕朵乡吾云达村
45		玉树藏族自治州称多县尕朵乡卓木其村
46		玉树藏族自治州囊谦县白扎乡也巴村
47	第五批 （2019-06-06）	海东市化隆回族自治县昂思多镇尕吾塘村
48		海东市循化撒拉族自治县道帏藏族乡旦麻村
49		海东市循化撒拉族自治县道帏藏族乡古雷村

续表

序号	批次	名称
50		海东市循化撒拉族自治县道帏藏族乡贺庄村
51		海东市循化撒拉族自治县道帏藏族乡牙木村
52		海东市循化撒拉族自治县道帏藏族乡宁巴村
53		海东市循化撒拉族自治县清水乡专堂村
54		海东市循化撒拉族自治县文都藏族乡拉代村
55		海东市循化撒拉族自治县尕楞藏族乡比塘村
56		海东市循化撒拉族自治县尕楞藏族乡秀日村
57		黄南藏族自治州同仁县隆务镇措玉村
58		黄南藏族自治州同仁县隆务镇隆务庄村
59		黄南藏族自治州同仁县保安镇浪加村
60		黄南藏族自治州同仁县保安镇银扎木村
61	第五批 （2019-06-06）	黄南藏族自治州同仁县扎毛乡国盖立仓村
62		黄南藏族自治州同仁县黄乃亥乡奴让村
63		黄南藏族自治州同仁县曲库乎乡瓜什则村
64		果洛藏族自治州班玛县亚尔堂乡王柔村
65		果洛藏族自治州班玛县灯塔乡科培村
66		玉树藏族自治州称多县称文镇赛河村
67		玉树藏族自治州称多县称文镇者贝村
68		玉树藏族自治州称多县尕朵乡岗由村
69		玉树藏族自治州称多县尕朵乡科玛村
70		玉树藏族自治州称多县尕朵乡布由村
71		玉树藏族自治州称多县尕朵乡木苏村
72		玉树藏族自治州称多县拉布乡帮布村
73		玉树藏族自治州称多县拉布乡郭吾村

表8-3 藏蒙传统村落甘肃藏族集中居住区部分

序号	批次	名称
1	第二批 （2013-08-26）	甘南州卓尼县尼巴乡尼巴村
2	第四批 （2016-12-09）	甘南州迭部县益哇乡扎尕那村

续表

序号	批次	名称
3		甘南州合作市勒秀乡罗哇上村
4		甘南州卓尼县木耳镇博峪村
5		甘南州迭部县达拉乡高吉村
6	第五批（2019-06-06）	甘南州迭部县旺藏乡次日那村
7		甘南州迭部县多儿乡洋布村
8		甘南州玛曲县阿万仓乡沃特村
9		甘南州玛曲县木西合乡木拉村
10		甘南州夏河县甘加乡八角城村

表8-4 藏蒙传统村落四川藏族集中居住区部分

序号	批次	名称
1		阿坝藏族羌族自治州马尔康县沙尔宗乡丛恩村
2		甘孜藏族自治州得荣县子庚乡八子斯热村
3	第一批（2012-12-17）	甘孜藏族自治州炉霍县更知乡修贡村
4		甘孜藏族自治州炉霍县泥巴乡古西村
5		甘孜藏族自治州炉霍县新都镇七湾村
6		甘孜藏族自治州丹巴县梭坡乡莫洛村
7		阿坝藏族羌族自治州黑水县色尔古乡色尔古村
8		阿坝藏族羌族自治州黑水县木苏乡大别窝村
9		阿坝藏族羌族自治州黑水县维古乡西苏瓜子村
10		阿坝藏族羌族自治州马尔康县卓克基镇西索村
11		甘孜藏族自治州炉霍县朱倭乡朱倭村
12	第二批（2013-08-26）	甘孜藏族自治州炉霍县雅德乡然柳村
13		甘孜藏族自治州乡城县青德乡仲德村
14		甘孜藏族自治州乡城县香巴拉镇色尔宫村
15		甘孜藏族自治州得荣县子庚乡阿称村
16		甘孜藏族自治州得荣县子庚乡子实村
17		甘孜藏族自治州得荣县子庚乡子庚村
18	第三批（2014-11-17）	甘孜藏族自治州乡城县尼斯乡马色村
19		甘孜藏族自治州稻城县香格里拉镇亚丁村

续表

序号	批次	名称
20	第三批 （2014-11-17）	甘孜藏族自治州稻城县赤土乡仲堆村
21		甘孜藏族自治州得荣县瓦卡镇阿洛贡村
22		阿坝藏族羌族自治州理县下孟乡沙吉村
23		阿坝藏族羌族自治州九寨沟县漳扎镇中查村
24		阿坝藏族羌族自治州九寨沟县罗依乡大寨村
25		阿坝藏族羌族自治州九寨沟县马家乡苗州村
26		阿坝藏族羌族自治州九寨沟县大录乡大录村
27		阿坝藏族羌族自治州九寨沟县大录乡东北村
28		阿坝藏族羌族自治州黑水县知木林乡知木林村
29		阿坝藏族羌族自治州马尔康县松岗镇直波村
30		阿坝藏族羌族自治州马尔康县梭磨乡色尔米村
31		阿坝藏族羌族自治州马尔康县党坝乡尕兰村
32		阿坝藏族羌族自治州马尔康县大藏乡春口村
33		阿坝藏族羌族自治州马尔康县草登乡代基村
34		阿坝藏族羌族自治州壤塘县宗科乡加斯满村
35	第四批 （2016-12-09）	阿坝藏族羌族自治州壤塘县吾依乡修卡村
36		阿坝藏族羌族自治州壤塘县茸木达乡茸木达村
37		阿坝藏族羌族自治州壤塘县中壤塘乡壤塘村
38		甘孜藏族自治州丹巴县巴底乡齐鲁村
39		甘孜藏族自治州丹巴县聂呷乡妖枯村
40		甘孜藏族自治州丹巴县梭坡乡宋达村
41		甘孜藏族自治州丹巴县中路乡克格依村
42		甘孜藏族自治州丹巴县中路乡波色龙村
43		甘孜藏族自治州白玉县章都乡边坝村
44		甘孜藏族自治州白玉县热加乡麻通村
45		甘孜藏族自治州白玉县灯龙乡帮帮村
46		甘孜藏族自治州白玉县灯龙乡龚巴村
47		甘孜藏族自治州白玉县赠科乡下比沙村
48		甘孜藏族自治州理塘县高城镇车马村
49		甘孜藏族自治州理塘县高城镇德西二村

续表

序号	批次	名称
50		甘孜藏族自治州理塘县高城镇德西三村
51	第四批 (2016-12-09)	甘孜藏族自治州理塘县高城镇德西一村
52		甘孜藏族自治州理塘县格木乡查卡村
53		木里藏族自治县东朗乡亚英村
54		木里藏族自治县唐失乡里多村
55		阿坝藏族羌族自治州松潘县川主寺镇林坡村
56		阿坝藏族羌族自治州金川县集沐乡根扎村
57		阿坝藏族羌族自治州小金县沃日乡官寨村
58		阿坝藏族羌族自治州黑水县沙石多乡银真村
59		阿坝藏族羌族自治州壤塘县中壤塘镇布康木达村
60		甘孜藏族自治州丹巴县巴底镇小坪村
61		甘孜藏族自治州丹巴县巴底镇大坪村
62		甘孜藏族自治州丹巴县巴底镇沈洛村
63		甘孜藏族自治州丹巴县巴底镇木纳山村
64		甘孜藏族自治州丹巴县巴底镇邛山一村
65		甘孜藏族自治州丹巴县聂呷乡喀咔一村
66	第五批 (2019-06-06)	甘孜藏族自治州丹巴县聂呷乡喀咔三村
67		甘孜藏族自治州丹巴县聂呷乡喀咔二村
68		甘孜藏族自治州丹巴县革什扎镇大桑村
69		甘孜藏族自治州丹巴县革什扎镇吉汝村
70		甘孜藏族自治州丹巴县革什扎镇俄洛村
71		甘孜藏族自治州丹巴县革什扎镇三道桥村
72		甘孜藏族自治州丹巴县丹东乡莫斯卡村
73		甘孜藏族自治州甘孜县甘孜镇根布夏村
74		甘孜藏族自治州甘孜县甘孜镇甲布卡村
75		甘孜藏族自治州甘孜县甘孜镇麻达卡村
76		甘孜藏族自治州甘孜县康生乡白日村
77		甘孜藏族自治州德格县更庆镇八美村
78		甘孜藏族自治州德格县八邦乡曲池村
79		甘孜藏族自治州德格县柯洛洞乡牛麦村

续表

序号	批次	名称
80		甘孜藏族自治州白玉县建设镇布麦村
81		甘孜藏族自治州白玉县赠科乡扎马村
82		甘孜藏族自治州石渠县奔达乡满真村
83		甘孜藏族自治州色达县翁达镇翁达村
84		甘孜藏族自治州色达县旭日乡旭日村
85		甘孜藏族自治州色达县杨各乡加更达村
86		甘孜藏族自治州色达县歌乐沱乡切科村
87		甘孜藏族自治州理塘县高城镇替然尼巴村
88		甘孜藏族自治州理塘县甲洼镇江达村
89	第五批	甘孜藏族自治州理塘县甲洼镇俄丁村
90	（2019-06-06）	甘孜藏族自治州理塘县君坝乡火古龙村
91		甘孜藏族自治州理塘县哈依乡哈依村
92		甘孜藏族自治州理塘县喇嘛垭乡日戈村
93		甘孜藏族自治州理塘县章纳乡乃干多村
94		甘孜藏族自治州理塘县格木乡加细村
95		甘孜藏族自治州理塘县拉波乡容古村
96		甘孜藏族自治州理塘县拉波乡中扎村
97		甘孜藏族自治州乡城县青麦乡木差村
98		甘孜藏族自治州稻城县邓波乡下邓坡村
99		甘孜藏族自治州稻城县各卡乡卡斯村
100		木里藏族自治县宁朗乡甲店村

表 8-5　藏蒙传统村落云南藏族集中居住区部分

序号	批次	名称
1		香格里拉县洛吉乡尼汝村
2		香格里拉县建塘镇小街子村
3	第二批（2013-08-26）	德钦县云岭乡雨崩村
4		维西县塔城镇塔城村塔城一二组
5		维西县巴迪乡结义村

续表

序号	批次	名称
6	第三批 （2014-11-17）	香格里拉县建塘镇红坡村委会霞给村
7		香格里拉县尼西乡汤满村委会汤堆村
8		香格里拉县格咱乡木鲁村委会
9		德钦县佛山乡江坡村委会江坡村

表 8-6 藏蒙传统村落内蒙古自治区部分

序号	批次	名称
1	第一批 （2012-12-17）	包头市土默特右旗美岱召镇美岱召村
2		包头市石拐区五当召镇五当召村
3	第二批 （2013-08-26）	呼和浩特市土默特左旗塔布赛镇塔布赛村
4	第三批 （2014-11-17）	包头市昆都仑区卜尔汉图镇卜尔汉图嘎查
5		包头市九原区阿嘎如泰苏木梅力更嘎查
6		包头市土默特右旗将军尧镇小召子村
7		包头市土默特右旗苏波盖乡美岱桥村
8		通辽市科左后旗阿古拉镇阿古拉嘎查
9		乌兰察布市四子王旗查干补力格苏木王府村
10		乌兰察布市四子王旗红格尔苏木大庙村
11		阿拉善盟阿右旗雅布赖镇巴丹吉林嘎查
12	第四批 （2016-12-09）	包头市土默特右旗九峰山生态管理委员会巴总尧村
13		巴彦淖尔市乌拉特前旗沙德格苏木沙德格嘎查
14		巴彦淖尔市乌拉特后旗新忽热苏木莫仁嘎查
15	第五批 （2019-06-06）	赤峰市阿鲁科尔沁旗巴拉奇如德苏木达兰花嘎查

注：本附录根据住房城乡建设部、文化部（现文化和旅游部）、财政部等政府部门公布的五批中国传统村落名录（2012—2019）整理而得。

后记

AFTERWORD

中国传统村落作为中华文化遗产的重要载体，承载着中华民族的历史记忆，是人类农耕文明的重要见证，也是中华民族认同的根源，具有重要的文化价值、生态价值和经济价值。但在快速城镇化、现代化的冲击下，中国传统村落正在面临生存的挑战。传统村落的消失不仅意味着村落建筑的消亡，更意味着传统村落所蕴含的文化价值的消亡。近几十年来，随着经济的大发展以及城镇化的推进，大量青壮年走出乡村，定居城市，传统村落面临着"空心化"的窘境。如今，国家已经充分意识到传统村落保护的重要性，采取了一系列的保护措施。

"中国传统村落文化抢救与研究"系列丛书于2016年入选了"十三五"出版规划。本套丛书从文化区、物质文化、非物质文化三个方面全方位阐释中国传统村落文化。其第一辑文化区系列于2020年付梓，项目从策划到出版历时近5年。

一本书的诞生，包含着主编、编写者、编辑、校对、审读专家等众多参与者的心血。为了保证图书的如期出版，每个人都奉献和付出了许多。

感谢每一位编写者的勤勉，在繁重的教学和科研任务压力之下，他们利用每一个休息的空隙，孜孜不倦地书写着中国传统村落的过去、现在和未来，用朴实真挚的文字记录着村落的每一次成长与新生。

本书还配有大量精美图片帮助读者解读内容，但由于信息的更迭和转换，仍然有个别图片找不到原始版权的所有人。希望读到这本书，或者通过其他途径获取到这个信息的版权人，发送邮件至459202365@qq.com，主动与我们取得联系，我们感谢您的理解和支持。

我们本着保护和弘扬村落文化的初心，试图对中国传统村落进行一次科学的梳理、抢救性记录和提出保护建议，通过深度挖掘传统村落的价值，重新唤起社会关注，重振乡居生活方式。让越来越多的人通过阅读，了解传统村落文化的美好与珍贵，从而加入到保护者的行列。

2020年，突如其来的新冠肺炎疫情打乱了每个人的生活工作节奏，但是大家克服了自身的困难和心里的不安，携手走到了最后。再次感谢参与这套丛书出版的每一个人，大家的努力与付出，才促成了图书的成功付梓。我们撒下关爱村落的种子，期待在不久的未来它将长成参天大树，将传统村落文化扎根于每一位读者心间，愿这套丛书为传统村落文化的传承贡献一份微薄的力量。

丛书编委会

2020 年 12 月